JN412190

독종호텔이 살아남는다

정글에서 호텔이 살아남는 법

박 종 모

지식인

Profile

박종모

호텔리어임을 자부하는 저자는 세종대학교 관광대학원에서 호텔경영학을 전공했다. 첫 직장인 KOLON TNS에서 해외 세일즈를 시작으로 경주힐튼호텔 세일즈팀, 더 플라자호텔 세일즈 팀장, 동대문 라마다호텔 총지배인과 라마다호텔&스위트 서울남대문 총지배인으로 근무하였다. 또한 연성대학교 관광영어과 겸임교수로 재직하며 후학을 양성하였다. 현직에서 꾸준한 활동을 하고 있는 그는 매리어트 계열의 더 플라자호텔 리뉴얼과 라마다 종로, 라마다 앙코르호텔의 신규 오픈에 참여하기도 했다.
저서로는 호텔의 기본적인 정보와 이용방법을 쉽게 설명한 『호텔 사용설명서』와 호텔의 다양한 이야기를 소개한 『호텔이야기』가 있으며 호텔 분야 블로그인 〈호텔과 책이야기〉를 운영 중에 있다.

이메일 | ehee0701@hanmail.net
블로그 | http://blog.naver.com/richard-park2012

독종호텔이 살아남는다

2021년 8월 4일 초판 인쇄
2021년 8월 9일 초판 발행

지은이 | 박종모
펴낸이 | 김종욱 · 명사동
펴낸곳 | 지식인
등 록 | 제301-2013-134호
주 소 | 서울시 도봉구 도봉로 180길 20 투웨니퍼스트 102동 602호
전 화 | 02)2266-8606 (대)
팩 스 | 02)2266-8607
E-mail | jisikin2013@naver.com
홈페이지 | www.jisikinbook.co.kr

ISBN 979-11-90815-83-3 (03320)

값 16,000원

독종호텔이 살아남는다

프-롤-로-그

우리는 보는 것만을 믿는 경향이 있다. 그러나 보이는 현재의 성공에 맹신하다 보면 보이지 않는 덫에 걸려 미래로 나가지 못하고 넘어지곤 한다.

우리 주위에서는 보이는 일시적인 성공에 도취되어 미래를 잃는 기업들도 흔히 찾아볼 수 있다. 외국의 유명기업인 '노키아'처럼 오늘의 성공에 안주하다가 도태하는 기업들을 무수히 보아 왔다. 굳이 노키아와 같은 외국기업의 사례가 아니더라도, 현재의 성공에 도취하여 실패한 한국기업들도 수없이 많다. 한때는 한국의 경제성장을 이끌었던 대우그룹, 해태그룹, 기아그룹, 조흥은행 등이 그 대표적인 예이다.

가까운 나라 일본을 대표하는 소니를 보자. 2000년대 초반까지만 해도 소니는 일본 및 세계를 대표하는 전자제품 회사였다. 1946년 일본 도쿄의 니혼바시에서 설립된 소니는 1979년 세계적으로 인기를 끌었던 워크맨 카세트를 출시하면서 글로벌 기업으로 성장하게 되었다. 그러나 지금은 한국의 삼성과 LG, 심지어 중국의 샤오미에게도 밀려 수십 년간 유지하고 있던 세계 제일의 전자제품 제조 생산기업이라는 자리를 빼앗겼다. 이처럼 전자업계의 거대 공룡인 소니가 몰락하게 된 이유는 삼성과 LG같은 후발업체들의 피나는 노력도 있었지만, 세계 제일의 자리에 안주하고 투자와 연구를 게을리 한 소니에게도 그 원인이 있다.

일본의 소니뿐만이 아니라 세계적으로 유명한 핸드폰 제조사인 노키아 또한 몰락한 소니처럼 성공이라는 현실에 안주하고 신상품 개발과 투자를 게을리하며 새로운 경쟁자들이 성장하는 것을 간과한 나머지 업계에서 사라지고 있는 대표적인 기업이다. 결과적으로 그들은 과거의 영광을 찾기 위해 노력하고 있지만, 이미 뒤바뀐 시장의 판도를 쉽사리 되돌릴 수는 없다.

이렇듯 세계적인 글로벌기업에서부터 지역 내의 독립기업, 심지어 개인에 이르기까지 변화와 혁신을 두려워하고 거부하는 조직이나 개인은 도태될 수밖에 없다.

필자가 코로나19로 인해 잠시 몸담았던 K호텔에서의 일이다. 이 호텔은 신규호텔로써 코로나19 사태에도 불구하고 많은 자금을 투자하여 새롭게 오픈하였다. 호텔은 위치적으로도 비즈니스가 잘 될 수 있는 지리적인 장점을 가지고 있었다. 그러나 필자가 처음 부임한 일주일 동안 임원들과 직원들을 면담하며 느낀 점은 변화와 혁신을 두려워하고 거부하려는 느낌을 강하게 받았다. 위에서부터 아래까지 변화조차 하지 않으려는 점이 가장 큰 문제였다. 당연히 조직은 느리고, 개인은 발전을 위한 어떠한 아이디어도, 문제점도 제시하지 않았다. 심지어 대표조차도 변화를 두려워했다. 그래서 필자는 직원들에게 '왜'라는 질문을 계속해서 던졌다.

왜, 현재의 실적에 만족하는가?
왜, 하려하지 않는가?
왜, 안된다고 생각하는가?
왜, 그렇게 했는가?

이렇게 기존의 틀을 깨고 계속해서 '왜'라는 질문을 던지며 현재보다는 내일을 준비하도록 주문했다.

우리의 호텔산업도 소니처럼 한때는 성공에 도취하여 미래를 준비하지 않았던 시기가 있었다. 한동안 호텔산업은 미래를 위해 시설을 투자하지 않았고, 인력을 채용하거나 교육시키지 않았으며 시간을 허비했다. 그 결과 유명한 외국브랜드의 호텔들이 들어오고, 관리자들 또한 밀려왔다. 그러면서 자연스럽게 중국과 일본, 싱가포르의 거대한 자본이 한국시장을 잠식했다.

이후 한국의 호텔시장은 뒤늦게나마 정신을 차리고 전열을 재정비했다. 그로 인해 현재의 호텔들은 그 숫자도 예전과 비교되지 않을 정도로 많이 늘었을 뿐만 아니라, 근무하는 호텔리어들도 비약적으로 늘어났다. 그러나 한국의 호텔산업은 또다시 자만의 덫에 빠지고 말았다. 예전에 비해 양적으로는 성장했지만, 질적인 성장을 간과했다. 즉 호텔의 숫자는 늘었지만, 질적 핵심요소인 호텔리어에 대한 교육은커녕 위상과 근무 환경이 예전보다도 못한 현실이 되어버렸다. 한 예로, 급여만 비교해도 타 산업군에 비해 현저히 낮게 책정되어 자신의 미래를 걸 만큼 매력적이질 않다. 이로 인해 한국의 호텔들은 미래에도 살아남을 수 있는 독한 호텔들로 성장하지 못하고 점점 사라지고 있다.

이 책은 단순히 호텔에 관련된 이야기만을 전달하기 위해 집필된 것이 아니다. 위축되고 존립에 위협을 받고 있는 호텔과 호텔리어의 이야기, 그리고 현장에서 그동안 다루지 못했던 살아남기 위해 독해져야만 하는 호텔의 이야기, 무엇이 호텔을 독하게 만들고 있는가에 대한 현장의 이야기를 함께 다루고 있다. 앞으로 우리의 호텔이 살아남기 위해서는 이러한 변화에 맞서 더욱 독해져야만 한다.

제1장. 호텔산업 황금알을 낳는 거위인가?

제2장. 독종호텔이 살아남는다(살아남는 호텔)

제3장. 쪽박 차는 호텔(살아남지 못하는 호텔)

제4장. 호텔의 본질을 묻다

제5장. 호텔에서 사라지는 것들

제6장. 무엇이 우리를 독하게 만드는가?

제7장. 인구절벽의 시대

제 1 장

호텔산업 황금알을 낳는 거위인가?

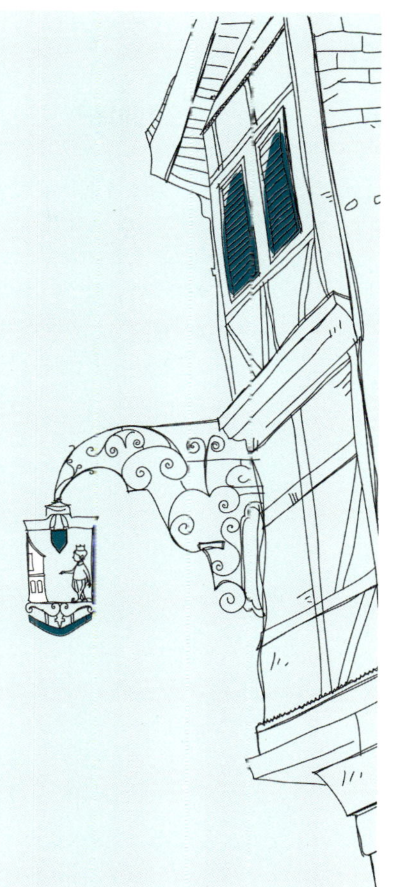

축구경기를 관람하다 보면 전·후반 45분씩을 뛰고도 상대팀과 쉽게 승부를 가리지 못해 연장전과 승부차기를 하는 경우가 있다. 승부차기는 90분의 본경기보다도 오히려 긴장감이 높아 보는 관객들로 하여금 손에 땀을 쥐게 한다. 그만큼 승부차기는 공을 차는 선수들에게도 압박감을 주게 되어 실수를 하게 된다. 승부차기의 결과는 누가 공을 잘 컨트롤하여 골대에 넣느냐가 아닌, 누가 실수를 하지 않느냐에 승패가 결정된다. 한 번의 승부차기로 인해 한 사람의 선수가 국가적인 영웅이 되기도 하고 국가의 반역자가 되기도 한다. 그만큼 승부차기를 하는 선수들은 긴장할 수밖에 없다.

축구선수가 골키퍼와 11미터 떨어진 거리에 있는 너비 7.32미터, 높이 2.44미터인 골대에 골을 넣을 수 있는 확률은 얼마나 될까? 골키퍼가 자신의 몸을 오른쪽으로 날릴 확률은 57%, 왼쪽으로 날릴 확률은 41%, 골키퍼가 움직이지 않고 중앙에 있을 확률은 2%이다. 11미터 앞에서 선수는 오른쪽 혹은 왼쪽, 아니면 중앙을 향해 힘껏 슛을 날리면 된다. 만약 당신이 키퍼라면 골을 넣을 수 있겠는가? 우스운 이야기지만 골대의 정면을 향해서 골을 차기만 해도 성공할 확률은 98%나 된다. 또한 어느 방향으로 공을 차더라도 골키퍼를 제치고 골을 넣을 확률은 75%이다. 그러나 긴장한 선수들은 실수를 하고 만다.

이처럼 높은 승률을 가지고 있는 패널티킥이지만, 선수들은 긴장감에 자신을 통제하지 못하고 헛발질을 하거나 골대를 벗어나 하늘 높이 공을 차버리는 경우가 많다.

호텔이 수익을 낼 수 있는 확률은 키커가 골을 넣을 확률처럼 높지가 않다. 국제 정세, 테러, 인재, 자연재난, 국제유가 변동, 폭동, 질병, 태풍 등 호텔들이 수익을 내기 위해서는 이러한 수많은 변동성들을 극복해야만 한다. 그래서 호텔은 독해지지 않으면 쉽게 수익을 낼 수가 없다.

그러나 호텔들은 일확천금을 노린다. 그것도 단시간 내에 많은 부를 얻기

원한다. 오랜 시간 자신의 전문 분야에서 노력을 하며 착실히 준비하며 살기보다는, 노력과 시간을 투자하지 않고 짧은 시간 내에 남들보다 큰 기회를 잡아 보려 한다.

호텔은 쉽게 영업 이익을 내는 산업이 아니다. 호텔이 이익을 내기란 극히 힘들다. 물론 IMF와 같은 특수한 상황이나 경기가 호황일 때는 특별한 노력 없이도 밀려오는 외국인과 바이어들로 인해 많은 돈을 벌기도 했다. 그러나 최근처럼 국제적으로 경기가 어렵고 더욱이 코로나로 인한 팬데믹과 같은 상황을 맞이한다면 자금력이 있는 대형 호텔은 물론 작은 규모로 운영하는 호텔들조차도 유지하기가 힘들어진다.

얼마 전까지만 해도 호텔산업에 무모하게 투자를 하며 일확천금을 노리는 사람들이 몰린 적이 있었다. 전문 분야가 아닌 호텔산업에 무리하게 자금을 투자하거나, 남에게 무리해서 투자를 받아 운영을 하다가 결국에는 헐값에 매각하거나 폐업을 한 사례를 너무나도 많이 보았다.

호텔처럼 개인들도 힘들게 벌었던 돈을 검증되지 않은 곳에 쏟아 붓기도 하고, 빚을 내어 부동산에 투자하기도 한다. 때로는 재미삼아 퇴근시간에 로또 판매점에 들러 로또를 구매하기도 한다.

최근에는 남들이 주식을 해서 돈을 벌었다는 뉴스에 현혹되어 대출금과 마이너스통장까지 끌어들여 검증되지 않은 뉴스를 믿고 주식에 올인을 하기도 한다. 아마도 호텔과 개인의 공통점은 끝이 보이지 않는 현재의 상황을 일순간에 바꿔보려는 심리에서 인생역전을 통해 부를 얻으려 한다는 것이다. 삶이 고달프고 어려울수록 현실을 회피하려는 사람들은 위험을 무릅쓰면서까지 묻지마 투자를 감행하기도 한다. 이러한 묻지마식 투자는 운이 좋아 수익을 내주면 다행이지만, 대부분은 일정한 손해를 보게 된다. 지금도 어딘가에서도 황금알을 얻으려는 일들이 계속해서 벌어지고 있다

호텔산업은 로또인가?

한방에 인생역전을 할 수 있는 일이 가능할까?

인생역전까지는 아니지만 재미삼아 산 로또가 운 좋게 당첨되거나, 부모님이 돌아가시면서 숨겨두셨던 거액의 재산을 유산으로 물려받는 경우를 제외하고는 이러한 일들은 흔하게 일어나지 않는다. 설령 일어난다고 하더라도 이러한 일은 대다수의 사람이 아닌 특정한 일부의 사람들에게만 일어나는 극히 예외적인 경우이다. 그렇다고 이러한 일이 아예 불가능한 것만은 아니다.

필자가 아는 지인도 로또에 당첨되어 거액을 거머쥔 적이 있었다. 당시에는 모두가 그를 부러워했다. 동료들은 우연히 로또에 당첨이 되었다고 그를 진심으로 축하해주기도 하고, 부러움에 시샘하기도 했지만, 그에게서 들은 로또 당첨의 사연은 남들이 이야기하는 것처럼 꿈속에서 조상님이 나타나 알려준 번호로 운 좋게 당첨이 된 것이 아니었다. 그는 오랜 시간 번호를 연구하며 지속적으로 로또를 구매했다고 한다. 우스갯소리로 그가 그동안 구매한 로또 금액만 합치면 작은집 한 채를 장만했을 거라고 했다.

그에게는 남들이 이야기하는 '한방'이라는 그것은 없었다. 물론 모두가 노력과 시간을 투자한다고 로또에 당첨되는 것은 아니다. 운도 따라줘야 한다. 일반인들이 부러워하는 이러한 한방이 있다면 아마도 그것은 필자의 지인과 같은 경우가 아닌, 평생 처음으로 산 복권이 당첨되는 기적의 영역이 아닐까? 우리 모두는 자신에게도 이러한 기적에 가까운 일들이 일어나길 바란다. 그리고 이러한 심리는 현재 자신의 상황이 어렵고 힘들수록 더욱 강해진다.

코로나가 한창 맹위를 떨치고 있던 2020년도에는 대부분의 기업이나 상점들은 문을 닫거나 직원을 줄여가며 단축영업을 하였다. 그러나 유독 영업이 잘되는 일부 업종이 있었다. 바토 로또를 판매하는 복권방과 부동산중개업소 그리고 증권사였다. 그중에서도 복권방은 코로나와는 상관없이 인생역전을 위해 달려온 고객들로 매일매일 북적였다.

기획재정부 소속인 복권위원회의 발표에 의하면, 2020년도 상반기 복권 판매율은 2005년 이후 최대였다고 한다. 이는 2019년 대비 11%나 증가한 수치이며, 판매금액은 무려 2조6천억을 넘었다고 한다. 그만큼 대박을 꿈꾸는 사람들이 많아졌다는 이야기이다. 이와 같은 행동을 무조건 부정적으로 보는 것은 아니지만, 대부분의 사람들은 '한방'을 통해 인생역전을 꿈꾸려 한다.

그러나 로또가 이처럼 부정적인 의미만을 담고 있는 것은 아니다. 사람들은 로또 구매를 통해 삶에 지친 자신에게 작은 재미와 함께 한

주간을 버틸 수 있는 활력을 선사하는 긍정적인 의미도 담고 있다. 로또 한 장은 힘든 삶을 치유하기도 하고, 직장에서 받은 스트레스를 해소하기도 한다.

사단법인 한국산업조직학회의 발표에 의하면, 로또는 경제활동에 긍정적인 효과를 준다고 한다. 로또복권을 1조 원 정도를 판매할 경우 경제적으로는 1조 3,359억 원의 생산을 유발한다는 연구결과가 나왔다고 한다. 또한 로또는 1만 9,393명의 일자리 창출효과가 있다고 한다. 그러나 이러한 긍정적인 경제효과와는 무관하게 로또는 개인적의 성향에 따라 일확천금을 노리는 성향이 지배적이다.

로또뿐만이 아니라 호텔산업에도 이처럼 한방을 노리고 무모하게 뛰어드는 사람들이 많다. 인생역전을 노리는 사람들의 공통점은 정작 자신은 평소에 성공에 대한 노력도 없이 그저 나도 성공할 수 있다는 막연하고 허황된 생각을 가지고 있다는 점이다. 호텔은 노력도 없이 지난밤 꿈에서 본 숫자를 기억했다가 아침 일찍 구매하는 로또와는 차원이 다르다.

호텔산업은 사전에 치밀하게 시장조사를 하고 계획된 상태에서 많은 자금을 투자한다고 해서 원하는 만큼의 수익을 즉시 낼 수 있는 로또산업이 아니다. 그러나 최근에는 오픈만 하면 노다지를 발견하듯 수익을 낼 수 있다는 생각을 가진 사람들이 몰려들어 호텔을 운영하고 있다.

일확천금을 노리는 사람들이 주식시장과 로또 판매점에 몰리듯 호텔산업에도 몰려들고 있다. 호텔사업을 시작하려고 준비 중인 투자자들과 이야기를 하다 보면 이들도 일확천금을 노리는 사람들과 크게 다르지 않다. 이들은 공통적인 생각을 가지고 있으며 호텔산업을 '로또'로 생각하고 있다.

한때는 호텔산업이 인생을 역전시켜 줄 '로또'였던 시기가 있었다. 큰 수익이 나는 산업은 아니지만, 매일 황금알 하나씩을 낳아 주인의 생활에 보탬을 주는 거위처럼 적게나마 수익을 창출하는 산업이었다. 이러한 분위기에 편승하여 2012년부터 각종 혜택을 정부로부터 받으며 호텔투자 열풍이 불기 시작했다. 심지어 조그만 땅을 소유한 건물주들과 일반인들까지도 무리한 투자를 통해 호텔을 건설하여, 그 숫자는 2012년 대비 두 배 이상 증가하였다.

호텔산업은 '로또'와 같이 '한방'으로 인생을 역전시킬 수 있는 산업이 아니다. 오랜 기간 동안 자금과 시간을 투자하게 되면 언젠가는 조금씩 수익을 낼 수 있다는 것을 그들은 잊고 있다.

황금알을 낳는 거위의 배를 가르는 투자자들

2021년 세계경제와 한국경제는 유동자산의 증가로 인해 주식시장은 경제지표와는 반대되는 행보를 보였다.

침체되었던 주식시장은 경기활성화를 위해 시중에 풀린 자금이 주식시장으로 몰려 꿈의 3천포인트라는 사상 최고의 기록을 세우며 가파른 상승을 보였다. 주식을 해본 경험이 없던 새내기 직장인부터 가정주부, 심지어 대학생들까지도 묻지마 투자를 시작했다. 그러나 대부분의 전문가들은 일확천금을 노리고 묻지마 투자를 하는 일부 투자자들에게 경고의 메시지를 보내고 있다. 이들은 '영끌(영혼까지 끌어 모은다)'이라는 단어를 만들어 낼 정도로 일확천금을 노리는 사람들로 인생역전을 위해 황금알을 낳는 거위를 잡으려 몰려들었다.

이렇듯 우리 주위에는 자신의 일을 열심히 하며 노력하기보다는 한방을 통해 인생을 통째로 바꿔보려는 사람들이 의외로 많다. 그러나 호텔산업은 주식투자처럼 영끌을 한다고 해서 우연히 매수한 주식이 두세 배 상승하여 큰돈을 벌 수 있는 주식시장과는 다르다.

이솝우화 중에 '황금알을 낳는 거위' 이야기가 있다. 거위는 주인을 위해 하루에 하나의 황금알을 꼬박꼬박 낳아 주었다. 주인은 거위가 너무나도 기특하고 고마워 거위를 위해 갖은 음식과 따스한 보금자리를 마련해 주었다. 황금을 낳기 위해서는 튼튼하고 실한 거위가 필요해서였다.

어느 날 마음씨 급한 주인은 황금알에 만족하지 못하고 더욱 부자가 되고 싶은 욕심이 생겼다. 하루하루 황금알을 기다리기보다는 거위의 배를 갈라 황금을 모두 꺼내 더더욱 큰 벼락부자가 되고 싶었다. 그래서 주인은 집에서 기르던 거위의 배를 갈랐지만, 거위의 뱃속에는 그가 원했던 많은 황금은 없고 일반 거위의 배와 다를 바가 없었다. 결국 주인은 황금을 얻지도 못하고 소중한 거위만 죽이게 되었다. 주인의 과한 욕심으로 인해 더 이상 황금을 얻을 수도 없고, 더 이상 거위도 볼 수가 없게 되었다. 모든 것이 '과하면 체한다'고 했다. 주인이 가진 욕심으로 인해 그나마 꼬박꼬박 안겨주던 황금알도 모두 잃어버리게 된 것이다.

호텔산업도 과하면 체하기 마련이다. 호텔산업이 조금씩 돈을 번다는 이야기에 너도나도 호텔을 짓고 새로운 호텔들을 오픈했다. 그로 인해 숫자는 기존호텔의 두 배에 달하고, 객실도 세 배로 증가했다. 이렇게 호텔 숫자가 일시에 늘어나다보니 기존에 조금씩 수익을 내던 호텔의 수익 구조가 황금알을 낳는 거위가 아닌 끝도 없이 돈을 먹는 거대한 하마로 전락해 버렸다. 시장에서는 그들에게 탐욕에 대한 경고를 보내고 있다. 거위의 뱃속에 황금이 가득 들어있다고 생각한 아둔한 사람들이 거위의 배를 가르고 나서야 그들의 행동이 잘못된 것이었음을 후회하게 되었다.

황금알을 매일매일 취하고 싶다면, 황금알을 낳는 호텔이 잘 자랄 수 있도록 오랜 시간 인내를 가지고 호텔의 시설과 호텔리어들에게 투자를 하며 호텔이 황금알을 낳을 때까지 시장을 기다릴 줄 아는 지혜가 필요하다.

지금은 도박이 아니라 도전을 할 때

초등학생 시절, 방학이 시작되면 할머니가 계시는 시골에서 몇 주를 지내다가 돌아오곤 했다. 지금의 시골은 서울과 동일한 문화 시설을 갖추고 있어, 차를 끌고 조금만 달려도 편의점과 대형마트 등의 상점들이 즐비하다. 어디를 봐도 시골이라고 할 수가 없다. 40년 전만 해도 시골을 가려면 서울 중심에 있는 시외버스터미널에서 버스를 타고 몇 시간을 달려간 뒤, 다시 마을 초입까지 가는 버스를 타야만 시골집에 도착할 수가 있었다. 그렇게 힘들게 찾아간 시골에서의 몇 주간의 시간은 필자에게 편안한 휴식과 소중한 추억을 안겨주었다.

서울과 달리 시골의 밤은 특별히 할 수 있는 놀이가 없어, 텔레비전을 보거나 할머니와 안방에서 민화투나 고스톱을 치는 일 정도가 전부였다. 심심풀이로 하는 고스톱이지만, 10원짜리를 쭉 펴놓고 서로의 패를 봐가며 신경전을 펼치곤 했었다. 지금은 할머니가 돌아가셔서 그때와 같은 시간을 함께 할 수는 없지만, 할머니는 손주들과의 놀이가 재미있으셨는지 모아두셨던 동전을 나눠주시고 다시 손주들의 동전을 따가셨다.

지금도 돈을 잃고 씩씩거리는 필자의 모습을 재밌게 보시며 즐거워하셨던 할머니의 모습이 생생하다. 당시에는 몇 십 원을 잃고 울먹이던 손주의 모습을 보시고는 흐뭇해하시던 할머니가 필자로서는 너무나도 밉게만 보였다. 그래서 화투판을 뒤집어 놓은 후 한바탕 울음을 터트렸다.

그 이후로 필자는 그 흔한 카드놀이나 고스톱, 심지어 남들이 재미삼아 하는 로또조차도 구매하지 않는다. 자신의 성격을 잘 알기 때문에, 어릴 적의 기억이 남아서인지 무리한 돈을 걸고 하는 사행성 놀이는 하질 않는다. 이러한 놀이에는 무모하리만큼 과감한 배팅이 필요하다. 그렇다고 필자가 업무에 있어서도 도전을 하지 않거나 머뭇거린다는 것은 아니다. 업무에 따라 상황을 신중하게 판단하여 일을 과감히 추진하기도 한다.

그럼 '도전'과 '도박'은 어떻게 다를까? 『최고가 되려면 최고를 만나라』의 저자인 최상태는 '도전'과 '도박'을 다음과 같이 정의하고 있다. '도전'은 어떠한 일을 피하지 않고 정면으로 맞서서 행하는 행동이고, '도박'은 되지 않을 일을 요행을 바라며 무모하게 승부를 거는 행동을 말한다.

'도전'에 대한 이야기를 해보자. 세계 최고의 카지노 호텔 체인인 시저스 엔터테인먼트 그룹을 운영하는 게리 러브맨 대표는 특이한 이력을 가진 CEO이다. 그가 시저스 그룹에 합류하기 전에는 학생들에게 지식을 전달하는 하버드대학교 경영학 교수였다. 그가 존경받고 사회적 엘리트였던 하버드대의 교수직을 그만두고 카지노 업체인 시저스로 옮기려 했을 때, 주위 사람들 모두가 인생의 도박을 한다고 말했다. 그러나 그는 경영학자로서 당시에 카지노 그룹 중 2위를 유지하던 시저스 그룹을 1위 기업으로 올리는데 있어 자신의 전문적인 경영지식을 펼칠 수 있다고 확신하여 도전하게 되었다고 한다.

또 다른 도전의 이야기를 해보자. 우리가 잘 알고 있는 현대그룹의 정주영 회장의 이야기이다. 그가 맨손으로 미국에 건너가 선박을 수주해 온 일은 대표적인 도전에 관한 이야기이다.

1970년대는 한국이 막 산업화를 시작하며 세계시장에 진출하려 할 때이다. 당시만 해도 아시아의 작은 나라 한국을 아는 서양인들은 많지가 않았다. 정주영 회장은 유조선 수주를 위해 영국으로 갔다. 당시만 해도 조선 사업을 시작하지도 못한 작은 나라, 그것도 배를 만들어 본 적도 없는 회사에서 배를 만들겠다고 거액의 자금을 투자할 국가나 은행은 없었다. 정주영 회장은 은행에서 문전 박대를 당하고는 은행에 영향력을 행사할 수 있는 세계적으로 유명한 선박 컨설턴트회사인 애플도어의 롱바텀 회장을 찾아가 도움을 요청했다. 그리고 그곳에서 거북선이 그려진 오백 원짜리 지폐를 펴 보이며, '우리는 이미 영국보다 삼백년이나 앞서 이러한 철갑선을 만들었다'고 이야기하며 그를 설득했다. 정회장의 열정에 감동한 롱바톰 회장은 은행에서 대출을 받을 수 있게 도움을 주었다. 정주영 회장의 도전으로 시작된 한국의 조선업은 세계 최고의 실력과 수주실적을 따내며 세계

제 1위 조선업 강국으로 성장하였다.

우리는 이 일화에서 정주영 회장의 '하면 된다'는 경영철학과 그의 근성을 느낄 수 있다. 이것이 바로 도전정신이다. 우리는 주변에서 '잘되면 도전이고 잘못되면 도박'이라는 말을 듣는다. 이렇듯 도전과 도박은 결과가 나오기 전까지 구분 짓기가 힘들다. 그러나 도전은 일의 결과를 떠나서 정주영 회장이 한 것과 같이 사전에 계획을 가지고 끝까지 하면 된다는 생각으로 철학과 근성을 가지고 행동할 때 도전이 되는 것이다.

우리 호텔산업도 게리 러브맨 대표와 정주영 회장처럼 새로운 것에 대한 도전을 하고 있는가? 아니면 도박을 하고 있는가? 지금의 한국 호텔시장은 도박이 아닌 도전을 해야 한다. 어떤 때는 정주영 회장처럼 무모하리만큼 도전정신을 가지고 열정적으로 일을 추진해나가며, 한편으로는 일에 대한 후속적인 작업에 매진해야 한다. 추진만 해놓고 결과만을 기다리는 것이 아니라, 추진하는 것 못지않게 후속작업을 함께 진행해야만 일의 완성도를 높일 수 있다. 그리고 이러한 과정은 하나의 기업을 지속가능한 기업으로 만들어줄 수 있다.

후속적인 열정이 없는 일은 도박이 된다. 현재 한국 호텔들은 도박에 가까운 일들을 하고 있다. 지금은 도박이 아닌 도전을 해야 하는 시기이다. 도박은 물건이나 돈을 걸고 내기를 하는 일이지만, 도전은 정면으로 벌어진 일이나 사건을 상대로 싸움을 거는 일을 말한다. 도박은 말 그대로 한 번의 일확천금을 노리는 무모한 게임이다. 도박은 승률에 대한 결과를 기대할 수 없는 무모한 게임이다. 그러나 도전은 승률 가능한 상황을 기대할 수 있는 게임이다. 도박은 무모하지만 도전은 가능성이 있다. 지금의 한국 호텔들은 도박을 하고 있는지, 아니면 도전을 하고 있는지를 다시 한 번 자문해 봐야 할 시기이다. 지금 하고 있는 일이 한 번의 일확천금을 노린 승률을 기약할 수 없는 도박이라면 하루라도 빨리 승률을 기대할 수 있는 가능성 있는 도전을 해야 한다.

미래도 없이 언제까지 외국의 대형 브랜드 호텔들에 의존하며 막연히 잘될 거라는 말만을 앞세울 것인가? 언제까지 자신들의 독자 브랜드를 키우지 않고 손쉽게 외국의 브랜드만을 사용하며 높은 수수료를 내는 지역호텔에 만족할 것인가? 이러한 추세라면 머지않아 한국 호텔산업도 외국의 대형 브랜드 호텔에 밀려 동력을 잃은 배처럼 방향성을 잡지 못하고 표류하게 된다. 우리가 외국의 브랜드 호텔들의 입맛대로 움직이고 단지 오너들의 뒷주머니만을 채우는 서커스의 꼭두각시 광대에 만족하면 안 된다. 먼 미래의 조선업이 세계 제일이 될 수 있다는 정신과 열정으로 영국으로 향했던 정주영 회장의 도전처럼 호텔산업도 다시 시작해야 한다.

오랜 시간을 투자해야만 황금알을 낳을 수 있다

긴 인생을 단거리 달리듯 달리는 사람들이 있다. 현재의 우리는 평균 82.4세라는 긴 인생을 살아가야 한다. 예전에 비하면 아주 긴 시간들이 우리에게 주어진 것이다. 이 시간을 10년 살 힘으로 전력질주하면 나머지 72.4년은 힘이 빠져 제대로 살지를 못한다. 오히려 도중에 지쳐 나머지 인생도 완주하지 못할 수 있다.

필자도 학창시절에는 대학에 가는 것이 인생의 결승점으로 생각했다. 그래서 초·중·고등학생 때 죽을힘을 다해 이 결승점인 대학을 가기 위해 1백 미터를 달리듯 달렸다. 대학만 입학하면 모든 것이 탄탄대로인 줄만 알았지 또 다른 결승점이 있다고는 생각지도 못했다. 그러나 막 도착한 대학이란 곳은 백 미터 결승점이 아니었다. 이미 전력질주로 백 미터 결승점을 향해 달려왔지만, 필자가 경험했듯이 학생들에게는 대학 졸업 후의 또 다른 백 미터 경기가 남아 있다. 그리고 또다시 백 미터를 뛴 후에는 천 미터, 그리고 만 미터가 그들의 눈앞에 나타난다.

우리는 대부분 인생을 고작 몇 백 미터 달리고서 중간에 지쳐버린다. 인생이라는 길고도 긴 장거리 경기를 제대로 완주하기 위해서는 단거리가 아닌 장거리를 달리듯 남은 거리를 계산하여 시간과 힘을 분배하며 긴 호흡으로 일정한 속도를 유지해야 한다. 필자도 어렸을 때 집중력과 인내력이 부족했다. 하던 일을 끝까지 하기보다는, 중간에 다른 일에 정신을 팔아 하던 일을 도중에 포기했다. 좋은 결과를 얻지 못한 원인 중 하나는 산만함도 있었지만, 목표한 일을 성취하기 위해 오랜 시간 동안 고통을 참고 유혹을 이겨내려는 인내력이 부족해서였다.

시험을 잘 보기 위해서는 친구와의 재미난 '놀이'라는 유혹을 참고 오랜 시간 집중하며 공부를 하는 인내력이 있어야 한다. 훌륭한 운동선수가 되기 위해서는 운동으로 인해 손과 발에 물집이 잡히는 고통을 오랫동안 감수하는 인내력이 필요하다. 좋은 선생님이 되려면 오랜 시간을 공부하고 학교 현장에서 말썽 많은 학생들과 함께하며 꾸준히 노력하는 인내력이 필요하다. 또 직장에서 진급을 하려면 남들보다 좀 더 노력하고 힘든 과정을 이겨낼 수 있는 인내력이 필요하다. 행복한 결혼 생활을 하기 위해서는 부부간에 이해하고 서로 맞지 않는 부분까지도 감싸 안을 수 있는 마음과 인내력이 필요하다. 공부도 오랜 기간 꾸준한 노력을 통해서만이 원하는 성과를 얻을 수 있다. 좋은 점수를 얻고 있는 대부분의 학생들은 자신의 목표를 성취하기 위해 평소에 인내심을 가지고 놀고 싶은 마음을 참은 결과이다. 천재가 아닌 이상 아무런 노력 없이 벼락치기 공부를 한다고 해서 상위권에 드는 학생들과 같은 점수를 받지는 못한다. 이처럼 공부도 하고 싶은 것을 참고 꾸준히 노력하는 인내력이 필요하다.

자원이 부족한 한국에서 먹고 살 길은 오직 수출과 관광산업이었다. 수출은 원자재를 수입하여 가공한 상품에서, 지금은 최첨단 반도체와 조선, 심지어 무기 수출까지 첨단산업으로 다양한 상품을 해외에 판매한다. 그러나 수출산업은 국제정세와 각국의 보호무역정책으로 수익을 거두기는 쉽지가 않다. 수출을 위해서는 많은 비용과 오랜 시간을 투자하고 연구해야 하는 인내가 필요하다.

이러한 산업처럼 한국의 호텔산업도 1970년대를 기점으로 50년 동안 외국인 유치정책을 꾸준히 펼쳐 지금은 '한류'라는 문화 콘텐츠로 다양한 외국인들을 유치하고 있다. 이 또한 오랜 시간 인내하지 못했다면 주변의 나라처럼 그저 그러한 국가가 되었을 것이다. 우리의 관광산업은 오랜 기다림과 피나는 노력 덕분에 선진국과 어깨를 나란히 할 수 있게 될 정도로 성장했다. 그러나 호텔산업을 하려는 일부 투자자들은 호텔산업에 오랜 시간을 기다리고 자금을 투자하기보다는, 어린 시절 시험을 하루 남기고 벼락치기하면 좋은 점수를 얻을 수 있는 일 정도로 가볍게 생각하고 있다.

필자가 호텔에 처음 입사할 당시만 해도 호텔산업은 많은 수익을 내지는 못했지만, 그래도 나름 자신의 가치를 창출할 수 있는 산업이었다. 호텔리어 마인드를 가진 오너들은 오랜 시간 서비스를 개선하며 자금을 투자하고 직원을 교육시키며 참고 인내했다. 그리고 정부의 서비스산업 육성정책으로 인해 한층 더 도약할 수 있는 기회도 맞이했다. 한때는 이러한 호텔산업은 국가적으로 어려운 시기였던 1998

년의 IMF 시기에도 많은 외화를 벌어들여 국가발전에 기여했으며, 2008년의 금융위기 이후에는 더욱 많은 수익을 창출하는 황금알을 낳는 거위 역할을 했다. 그래서 조금 돈을 번다는 소문에 땅과 자금을 가진 사람들이 황금알을 얻고자 너도나도 호텔산업에 뛰어들었다.

그러나 거위가 황금알을 낳지 못하자, 사람들은 성급히 키우던 거위의 배를 가르기 시작했다. 정작 황금에만 눈이 멀어 황금알을 낳는 거위에게는 신경을 쓰지 않았다. 황금알을 낳기 위해서는 거위의 상태를 세밀히 살피고 보살피는 인내가 필요하다. 그 긴 인내의 시간을 보내야만 건강한 거위는 비로소 주인을 위해 하나 둘씩 황금알을 낳을 수 있다. 황금알은 오랜 시간 노력하고 인내하는 사람에게 찾아오는 것이다.

독종호텔이 살아남는다

경영자는 직원이나 협력업체에 대해 절대 '내가 너를 먹여 살리고 있다'는 태도를 보여서는 안 된다. 그러한 태도를 보이는 순간, 경영자로서의 자격을 잃고 하찮은 인간으로 전락한다.

– 마쓰시타 고노스케

제 2 장

독종호텔이 살아남는다 (살아남는 호텔)

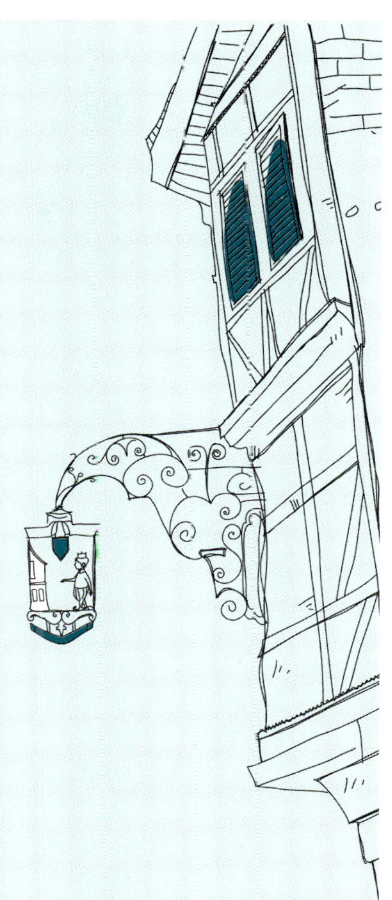

'독종(毒種)'하면 왠지 좋지 않은 의미로 들린다. 사전에서 '독종'을 찾아 보면 독(毒)독 씨(種)종 독종이라는 말로 풀어쓸 수가 있다. 이는 명사로 쓰이며 "성질이 매우 독한 사람"이란 뜻으로 생활 속에서는 남들과 다른 사람을 좋지 않게 표현할 때 자주 쓰인다. 아주 잔인하고 독한 사람을 표현할 때 "그는 바늘로 찔러도 피 한 방울 나지 않을 독종이다."라고 말하기도 한다.

이처럼 '독종'이란 단어는 긍정적인 의미로 쓰이기보다는 부정적인 혹은 보통 이상의 상황인 사람을 표현할 때 주로 사용된다.

독종인 사람은 자신의 성공과 출세를 위해서 주위의 사람을 배신하거나 심지어 부모와 처자식까지 이용하기도 한다. 그러나 '독종'이란 단어를 마냥 부정적인 뜻으로만 볼 필요는 없다. 독종을 부드럽게 표현하자면 '모진 사람' 혹은 '악착같은 사람'이란 뜻으로도 쓰인다. 필자는 독종이란 단어를 부정의 의미가 아닌 오히려 좋은 의미를 지닌 긍정적인 표현으로 사용하고 싶다. '자신이 세운 목표나 상황을 이루거나 헤쳐 나가기 위해 자신을 희생하며 노력하는 사람'으로 표현하고 싶다.

우리는 학창시절과 사회생활을 하면서 주위에서 독종인 친구를 종종 보아 왔다. 시험 기간에 잠도 안자고 오로지 시험공부에만 몰두하는 친구를 보면서 친구들은 독종이라고 놀려 댔다. 그리고 재산을 모으기 위해 쓸 거 안쓸 거 심지어 투잡, 쓰리잡까지 해가며 지독하게 돈을 모으는 독종인 직장 동료도 보아 왔다. 그들은 자신이 정한 목표를 이루기 위해 남들보다 절약하고 쉬지 않고 노력하여 좋은 성적을 올리고 많은 부를 모았으며 성공했다. 그러나 일부 사람들 중에는 오히려 그들처럼 노력도 하지 않으면서 성공만을 부러워하고 시기하며 성공한 그들을 '지독한 독종인간'이라며 비아냥거린다.

사회가 동일한 성격을 지니고 동일한 정도의 업무를 하는 그저 그런 평범한 사람들만 있다면 너무나도 무미건조하고 발전이 더디게 된다. 우리사회에는 평범한 사람들도 필요하지만, 자신의 목표를 향해 달려가며 남들에게 삶의 경각심을 일깨워주는 독종과 같은 사람도 필요하다.

우리사회는 이러한 독종들이 있기에 함께 발전하고 성장할 수 있는 것이다. 그들은 우리에게 경각심을 심어주고 다시 한 번 희미해진 목표의식을 점검하게 한다. 모든 것이 '좋은 게 좋다'고 술자리를 함께하고 기분에 못이겨 돈을 흥청거리면서 쓰기보다는, 남에게 싫은 소리를 들을지언정 자신의 목표를 위해 악착같이 살아가는 독종이 있기에 우리사회는 유지되고 있다. 한국호텔에도 이러한 독종이 필요하다. 언제까지 남의 호텔브랜드를 빌려 써가며 거액의 수수료를 지불하는 빈털터리 신세로 남을 것인가? 성공한 독종 앞에서는 아무 말도 하지 못하면서 뒤돌아서서는 뒤통수를 치는 미련하고 바보 같은 순둥이는 더 이상 필요가 없다.

이제 호텔도 독해져야만 살아남을 수 있다. 독하게 변하지 못한 호텔은 더 이상 살아남지 못한다.

독침을 품은 고슴도치

즐겨보던 시사교양 프로그램 중에 동물을 소재로 다룬 다큐멘터리 프로인 '동물의 왕국'이 있다. 다양한 동물들을 소재로 다룬 이 프로그램은 정글이나 사막의 험난한 자연환경 속에서 각각의 동물과 식물들이 생존을 위해 살아가는 방법을 생동감 있게 보여준다. 우리들이 재미있게 보는 동물들의 신기한 모습이나 재미난 행동은 실제로 이들에게는 생존이며 곧 종족 번식의 의미이다. 생존하지 못하면 수백 년, 수천 년을 이어온 자신들의 종이 사라지는 결과를 가져오게 되어 힘이 약한 초식동물에서 정글에서 가장 힘이 세다는 절대강자인 사자조차도 생존을 위해 더욱 강하고 독해진다.

언뜻 보기에 귀엽고 체구가 작아 나약하다고 생각하는 고슴도치를 보자. 느리고 힘이 없어 보이는 고슴도치가 무서운 정글에서 살아남는 방법이 무엇일까? 바로 독침이 있기 때문에 자신보다 큰 동물들도 함부로 고슴도치를 공격하지 못한다. 고슴도치는 사자나 호랑이의 10분지 1정도의 작은 몸집을 가지고 있다. 그렇다고 힘이 엄청나게 크고 센 코끼리나 치타처럼 월등한 파워를 가지고 있거나 빠르지도 않다. 작은 몸집을 소유한 고슴도치는 사자나 호랑이 그리고 곰처럼 몸집이 커서 타 동물을 위협할 만한 동물도 아니다. 그들은 평소에는 순한 양처럼 일부러 타 동물들에게 유해를 가하거나 위협을 가하지 도 않는다. 다만 자신의 생명을 위협하는 동물이 공격을 해오면 생존을 위해 날카로운 털을 송곳처럼 세워 그들을 공격하거나 자신을 방어한다. 대부분의 동물들은 몇 번 고슴도치를 공격하다가 날카로운 털에 찔려 포기하고 만다. 비록 고슴도치는 자신의 목숨을 잃을지언정 자신을 공격한 상대 또한 정상적인 삶을 살아가지 못할 정도로 큰 상처를 입힌다. 이것을 알기 때문에 정신 나간 동물이 아닌 이상 쉽게 고슴도치를 공격하지 못한다.

고슴도치 외에도 물 없는 사막에서 살아남기 위혀 독하게 살아가는 동물이 있다. 아무리 강한 동물이라도 물이 없으던 살아남기 힘들다. 그러나 물 없는 사막에서 살아남기 위해 사자보다 더욱 강한 생명력으로 살아가는 초식동물이 있다. 낙타는 물 없는 사막에서는 사자를 능가하는 절대 강자이다. 낙타의 등에 있는 물주머니에서 지방을 산화시켜 물을 만들어 공급하여 사막에서 최장기간 2주를 버틸 수가 있다. 이밖에도 사막에서 자생하는 식물들도 환경에 맞게 적응하며 살아남는 법을 터득한다. 사막에서 가장 중요한 물에 대해 적응을 시작한 식물들은 부족한 물을 오랫동안 저장하려고 그 나름대로의 특성을 지니고 있다. 그래서 일부의 식물은 키가 작으며 물을 오랫동안 보관할 수 있게 표면을 최대한 작게 하거나 없애 가시화하면서 진화를 거듭했다. 그리고 뿌리는 될 수 있는 한 최대로 대지에 깊게 내린다. 이렇듯 밀림과 사막에 사는 동 · 식물들은 살아남기 위해 나름의 방식대로 진화하고 그것을 무기화하기도 한다.

호텔에는 고슴도치의 송곳이나 낙타의 물주머니와 같이 자신을 외부로부터 보호해줄 무기가 없지만, 지금부터라도 고슴도치의 독침처럼 강한 침을 준비해야 한다. 요즘처럼 외부의 영향에 의해 호텔의 존립이 좌지우지되는 상황에서는 더 이상 남의 도움을 구할 수도 의존할 수도 없다. 정글에서 살아남기 위해서는 정글에서 살아남는 법을 배워야 한다. 남을 제압하지는 못하더라도 최소한 남에게 당하지는 않을 정도의 힘을 키워야 한다.

다가오는 포스트코로나시대는 한국 호텔산업의 제 2의 도약 시기가 될 것이다. 그 기회를 잘 활용하고 강한 힘을 지닌 호텔만이 정글에서 살아남을 수 있다. 고슴도치가 가진 독침과 같은 무기를 준비하는 것이야말로 거대 글로벌 호텔들과의 무한경쟁에서 살아남을 수 있는 유일한 방법이다. 고슴도치의 독침을 가진 호텔에게는 어느 누구도 쉽게 덤벼들지 못한다.

여우처럼 영리한 호텔

얼마 전 발표한 국회보고서에 의하면, 한국에서 새롭게 창업한 기업의 경우 세 곳 중 한 곳이 창업한 지 1년 이내에 폐업한다고 한다. 그리고 창업한 10개의 업체 중 7개 업체가 5년 이내에 폐업을 하는 것으로 나타났다. 창업한 회사의 30% 미만의 회사만이 살아남는다는 의미다. 우리보다 기업의 역사가 오래된 미국의 경우도 예외는 아니다. 미국에서 가장 크다고 하는 500대 기업의 경우도 이중 과반수인 250개의 기업이 15년 이내에 폐업하고 사라진다. 더욱 놀라운 것은 미국의 글로벌 컨설팅사 '맥킨지'가 조사한 보고서의 내용이다. 이 보고서에는 미국 기업의 평균수명을 조사했는데, 이들 기업의 평균수명은 1935년 90년에서 1970년에는 30년으로 줄었으며, 2015년에는 15년으로 더 수명이 줄었다고 한다. 변화하는 상황에 적응하지 못하는 기업들은 그만큼 기업의 생존주기가 짧아져 얼마 지나지 않아 사라진다는 의미이다.

이처럼 무수한 기업들이 먹고 먹히는 경제 환경 속에서 생존을 모색하지만, 지속가능한 기업으로 남는 곳은 그리 많지가 않다. 우리가 몸담고 있는 호텔들도 지금 어딘가에는 오픈을 준비하고 있지만, 또 다른 어느 한 곳에서는 이익을 내지 못하고 폐업을 준비하고 있다.

타 산업에 비해 역사와 업력이 더 짧은 호텔은 오픈한 연도나 규모, 브랜드의 유·무를 떠나 시장상황을 제대로 파악하고 영리하게 대처하지 못하면 정글과 같은 세상에서 지속가능한 기업으로 살아남을 수가 없다.

사막이나 밀림의 강자들 속에서 영리하게 살아가는 여우를 보자. 여우는 개과에 속하는 동물이다. 개보다는 다소 작은 체구를 가지고 있는 개과의 고양이와도 유사한 점을 가지고 있다. 개는 나무에 오를 수 없지만, 여우는 고양이처럼 나무에 자유롭게 오를 수 있다. 또한 발달한 귀를 이용한 사냥본능을 가지고 있어 대단히 빠르게 사냥감을 포획할 수 있다. 그래서 여우는 개과의 진화를 해야 하지만, 오히려 오랫동안 살아남을 수 있는 고양이의 특징을 지니며 진화해 왔다. 여우가 사막과 밀림에서 살아남는 방법은 단순하다. 여우는 사자가 나타나면 살기위해 꽁무니가 빠져라 도망을 친다. 그러다가 한숨 돌리면 특유의 교활함으로 잔꾀를 부린다. 그래서 밀림의 왕인 사자도 무서워하지 않는다. 여우는 사자처럼 강하지도, 크지도 않은 작은 체구의 동물이지만 다른 동물들보다 영리하다. 사자는 큰 체구를 이용하여 자기방어를 하고 사냥할 때는 혼자서 한다. 그래서 종종 먹이를 놓치게 되면 며칠을 굶기도 한다. 반면 여우는 사냥을 할 때 혼자서 하기도 하지만 무리를 지어서 한다. 체구에 비해 큰 귀는 예리한 청력을 가지고 있어 땅에서 움직이는 설치류 및 곤충까지도 사냥한다. 그래서 쉽게 먹이를 놓치는 일이 없다. 게다가 머리가 좋아 영리하기까지 하다. 이것이 여우가 밀림에서 살아남는 방법이다. 밀림의 왕이지만 길게 삶을 살지 못하고 죽어가는 사자와는 달리, 여우는 특별한 실수를 하지 않는 이상 밀림에서 오랫동안 살아남는다.

〈이솝우화〉에서의 사자는 덫에 걸리면 영락없이 죽음을 맞이한다. 사자는 덫을 빠져나올 수 있는 방법을 알지 못하기 때문에, 덫을 물어뜯기도 하고 몸으로 부딪혀 부수려 한다. 그러나 아무리 크고 힘이 센 사자라도 튼튼한 덫은 쉽게 나올 수가 없다. 그러나 여우는 머리가 영리하여 덫에 잘 걸리지도 않지만, 걸리더라도 쉽게 빠져나올 수가 있다. 국가도, 회사도, 개인도 살아남기 위해서는 영리한 여우가 되어야 한다. 우리의 호텔들도 살아남기 위해서는 여우처럼 영리해져야만 한다. 영리해지면 그 어느 누구도 얕잡아보고 덤벼들지를 못한다. 영리한 독종을 잡기 위해서는 본인 자신이 더욱 영리하지 않으면 잡을 수가 없기 때문이다.

우리 주위의 경제 상황과 호텔 상황을 살펴보자.

한국은 전쟁 이후에 세계 어느 곳에서도 볼 수 없는 경제적인 성과를 단시일 내에 이루었다. 이러한 한국을 타 국가들은 대박 난 국가라고 표현한다. 그들의 말처럼 우리의 성실함과 끊임없는 노력이 대박을 이뤄낸 것이다. 그러나 우리가 위치한 동북아시아에는 언제든 한국을 시샘하며 위협할 준비가 된 국가들로 가득하다. 위로는 핵을 가지고 주판알을 튕기는 호전적인 북한, 그 위로는 교류를 하고 우호관계를 유지하고 있지만 그들의 정찰기를 보내어 한국의 준비태세를 확인하는 러시아, 세계 2위의 경제대국이지만 세계적 민폐국이자 사사건건 한국에 태클을 거는 중국, 그리고 가장 가까운 이웃이지만 늘 한국의 성장을 두려워하며 표면적으로는 협력하는 척하며 한국을 망가트리려는 속셈을 가지고 있는 일본, 이러한 주변의 상황들은 외국의 거대 자본을 가진 브랜드 호텔 사이에서 고전하고 있는 한국의 토종 브랜드 호텔들의 상황과 흡사하다. 이들은 한국시장을 예의주시하고 있으며 언제든 돈과 브랜드 파워를 앞세워 국내시장을 잠식할 준비를 하고 있다.

한국 호텔들은 이러한 시장상황 속에서 여우처럼 영리해져야만 지속가능한 기업으로 살아남을 수가 있다. 그리고 호텔리어들도 자신이 상황판단이 빠르고 민첩한 영리한 여우가 될 것인지, 덩치가 크고 힘만 센 우둔한 사자가 될 것인가를 판단해야 한다. 한국 호텔들은 언제까지 변방의 약자로만 살아갈 수는 없다. 언제까지 힘이 없어 굶는 약자의 모습보다는, 여우처럼 영리하게 서로가 힘을 합쳐 먹잇감을 사냥하기도 하고, 예리한 청력을 이용하여 먹잇감을 절대 놓치지 않는 강자가 되어야 한다. 호텔들은 자신의 강점만을 살리고 주위 환경을 잘 파악하고 이용하며 살아가는 영리한 여우가 되어야 한다.

사라지지 않는 종이세상, 사라지지 않는 호텔

많은 경제학자들은 새로운 물건이 발명될 때마다 기존에 사용하던 물건과 세상은 사라지고 새로운 세상만이 존재할 것이라고 말한다.

증기기관의 발명으로 인해 오랜 동안 말(馬)이 중심이었던 교통수단은 순식간에 사라졌다. 그리고 책(冊)의 발전으로 인해 기존에 존재하던 많은 기록의 세상은 없어지게 되었고, 인쇄술로 인해 모든 기록들을 종이를 통해 눈으로 보는 세상으로 바뀌었다. 이 종이의 세상은 또다시 인터넷의 발달로 인해 보는 정보의 세상에서 검색의 세상으로 바뀌었다.

책이 나오기 전까지 만해도 세상의 모든 지식은 사람들의 머릿속에 넣어두어야 만하던 시대였다. 지식을 기록하며 전달해줄 책이 존재하지 않았기 때문에 인류의 역사를 기록할 수 있었던 것은 오직 사람들의 입과 머리를 통한 기억에 의존했다. 심지어 『성경』도 책이 나오면서부터 본격적으로 전파되기 시작했다. 책의 발전으로 인해 우리는 기억해야 할 모든 것을 머리가 아닌 책에 기록하게 된 것이다. 그러나 최근에는 수백 년간 이어온 책의 세상에서 기록하던 것을 인터넷의 발달로 인해 우리는 기록도, 기억도 하지 않는다. 아침에 일어나면 신문이 아닌 모바일을 통해 자료를 검색하고, 노트북 속에 나온 사진과 동영상을 검색하면 원하는 모든 정보를 얻는다. 직장에서는 서류작업이 없어지고, 사무실에서는 모든 서류와 결재를 인터넷으로 진행하는 세상, 심지어 자신의 모바일을 통해 원하는 사람들의 전화번호를 기억하지 않고 수백, 수천의 사람들 전화번호가 저장된 버튼을 검색하여 누르기만 하면 되는 세상에 살고 있다.

이제는 자신의 생일은 물론 지인이나 가족들의 생일조차도 기억하지 않고 검색한다. 그래서 미래학자들은 인터넷의 발전으로 인해 앞으로의 세상은 종이인쇄술로 인해 수백 년 동안 인간의 역사와 지식을 전달하는 역할을 담당했던 종이책의 시대는 사라지고 인터넷 세상이 된다고 주장을 한다. 그러나 많은 학자들이 종이가 없어지는 세상이 되리라는 예상은 빗나갔다. 불과 11년 전인 2010년도에는 전 세계에서 사람에 의해 출간된 책이 백억 권에 이르렀다고 한다. 인터넷이 발달되어도 우리는 어마어마한 정보들을 책을 통해 기록하고 있다. 세계인구가 2020년 5월 현재 77억 8천 6백만 명인 것을 감안한다면, 인구 1인당 1.28권의 책을 쓸 정도의 믿지 못할 엄청난 출간 숫자이다. 구텐베르크조차도 이처럼 많은 책이 출간되리라고는 상상조차 하지 못했을 것이다. 모든 종이로 만든 인간의 세상이 사라질 듯했지만, 지금은 인터넷 세상과 종이의 세상이 함께 공존하고 있다. 한쪽의 세상이 커지면, 다른 한쪽은 다른 방향으로 성장하는 투톱의 세상이 존재하고 있다.

호텔도 이러한 변화의 세상을 맞이하고 있다. 기존의 인적서비스만을 제공하던 호텔에서 호텔리어들이 사라지고, 수많은 부서에서 고객들에게 서비스를 제공하던 호텔은 이제는 최소의 인력으로 운영될 수 있는 자동화된 무인시스템으로 변화하고 있다. 이를 두고 대다수의 호텔리어들은 향후 호텔산업에서 호텔리어가 사라질 것이라는 걱정을 한다. 이러한 흐름은 우리가 인쇄술로 인해 책의 세상이 오고, 인터넷의 발달로 세상이 스피드해지는 것을 막을 수 없는 흐름과도 같다. 종이의 세상이 인터넷 세상과 공존하듯 기존의 호텔들도 살아남기 위해서 사람만으로 유지되던 부서와 조직을 과감하게 줄이고, 사람을 최소화시킨 호텔과 자동화, 무인화된 두 가지의 호텔로 함께 병행하며 존재하게 될 것이다.

이와 비슷한 병행 발전의 예는 카메라 산업에서도 찾아볼 수가 있다. 우리가 사용하던 카메라는 필름을 넣고 찍은 사진을 인화소에 맡겨, 수일이 지난 뒤에야 자신이 찍은 사진을 볼 수 있는 아날로그 방식인 필름카메라였다. 그러나 어느 순간부터 기존의 필름카메라 자리를 대신하여 디지털카메라가 자리 잡았다. 그래서 세계제일의 회사였던 코닥도, 후지도 새로운 사업을 할 수밖에 없었다. 그러나 세상이 바뀌고 새로운 물건이 발명되었다고 해서 기존의 세상인 필름카메라가 모두 사라지는 것은 아니다. 사진애호가들은 현재의 디지털카메라 시장이 발전했다고 해서 아날로그 시장이 모두 없어진 것은 아니라고 말한다.

또 다른 예는 우리가 매일 24시간 365일 사용하는 모바일이다. 우리는 모바일의 발전으로 인해 무거운 가방을 가지고 다니지 않아도 되는 편리함을 누리고 있다. 전자사전으로 인해 학생들도 시험 준비를 위해 가지고 다니던 사전을 들고 다니지 않아도 된다. 또 기존에 차량에 장착한 내비게이션을 간단한 모바일 웹으로 다운받아 사용하면 된다. 핸드폰 속으로 들어온 고성능 카메라로 인해 사진을 찍기 위해 준비해야 했던 무겁고 둔탁한 카메라를 들고 다니지 않아도 된다. 게임을 즐기기 위해 별도의 게임기를 가지고 다닐 필요도 없으며, 좋아하는 음악을 듣기 위해 CD 플레이어나 MP3를 가지고 다니지 않아도 된다. 출근길에 손목시계를 차지 않아도 모바일 시계로 대체가 가능하다. 그러나 사람들은 다재다능한 기능을 가진 모바일을 가지고 다녀도 아직도 시계를 필요로 하고 있으며, 매일아침 차 한 잔을 마시며 종이신문을 읽고, 사진을 찍기 위해 무거운 카메라를 가방에 넣고 다닌다. 보다 경제적이고 빠른 사진을 원하는 사람들은 디지털 카메라를 선호하지만, 일부 감성적인 사진을 원하는 사람들은 조금은 불편하고 비용이 더 들더라도 기존의 아날로그 사진을 선호한다.

그렇다면 하나가 성장하면 다른 한쪽이 사라진다는 생각과 같이, 호텔이 사라질 것이라는 것은 우리의 기우가 아닐까? 비행기가 발명되었지만, 기존의 운송수단이었던 자동차나 기차는 없어지지 않고 비행기와 함께 공존하고 있듯, 두 시장은 서로의 장점을 가지고 병행하며 발전한다. 이제 우리는 호텔이 사라진다는 생각에서 벗어나, 호텔을 대체 가능하지 못하는 곳으로 만들기 위해 더욱 노력해야 한다.

항상 'Why?'라는 궁금증을 가져라

필자는 잠시 대학에서 관광전공 학생들을 대상으로 강의를 하였다. 될 수 있으면 지금까지 현장에서 경험한 필자의 노하우를 학생들에게 많이 전달하려고 강의준비를 위해 현장의 자료를 찾고 매 시간에 맞는 강의 교안을 준비하며, 마치 무대에 처음 올라가는 배우처럼 수십 번씩 강의 내용을 반복하여 읽어보며 준비를 했다. 그리고 질문이 예상되는 내용들을 미리 확인하여 설명도 준비했다. 그러나 각상 강의가 시작되면 필자가 노력한 보람도 없이 항상 혼자만의 일방적인 강의가 되고 말았다.

수업 전에 학생들에게 자료를 제공하고 몇 시간 동안 열띤 강의를 하지만, 정작 수업 내용과 궁금한 사항에 관하여 질문을 하는 학생들은 거의 없다. 학기 초에는 서로를 알아가는 과정이라 질문이 없겠거니 생각했지만, 그다음 학기에 강의를 진행해도 학생들에게서 기대했던 질문들은 나오질 않았다. 숫기가 없어 강의 종료 후 개인적으로 조용히 물으러 오거나, 이메일로 궁금한 점을 묻는 학생이 더러 있었지만 또 그다음 학기에도 질문을 하는 학생들은 어김없이 없었다. 준비한 자료가 너무나 완벽해서 수업 내용을 완전히 이해한 것일까? 아니면 모르면서도 귀찮아 그냥 넘어가는 것일까?

비단 학교뿐만이 아니라 호텔에서도 마찬가지다. 모르면 선배에게 질문을 하고 업무를 제대로 습득해야 하는데도 모르는 상태로 상황을 모면하면서 넘어가는 직원들이 많다. 이러한 일들은 문제없이 한두 번은 넘어갈 수 있지만, 상황이 지속적으로 반복되면 반드시 큰 문제가 발생한다. 직원은 고객을 제대로 대응하지 못하고, 이에 화가 난 고객은 다시금 호텔에 컴플레인을 하고 찾지 않게 된다.

신입사원이나 인턴사원이 회사에 들어오면 적성에 맞게 부서로 배속된다. 물론 부서에 결원이 된 경우에는 해당부서의 적성에 맞는 직원을 회사 내에서 선별하여 배속하기도 한다. 새롭게 입사한 직원들은 똑똑하며 외모도 호텔리어로서 빠지지 않을 정도로 흠이 없다. 더욱이 한두 개의 외국어까지 구사할 수가 있어 교육 없이 당장이라도 현장에 투입시켜도 문제가 없을 것만 같다. 그러나 호텔은 이러한 신입사원들에게도 짧게는 몇 일에서 길게는 몇 주 가량 자체 트레이닝을 시키고 현장에 배치한다. 인력 운영에 여유가 있다면 배속 부서 외에 타 부서에도 몇 주씩 근무를 시켜 타 부서의 업무도 직·간접적으로 배울 기회를 제공한다. 그런데 교육을 시키는 중간기수의 선배가 가끔씩 하소연을 할 때가 있다. 가르쳐 준 업무에 대한 이해도를 파악하기 위해 질문을 하라고 해도 질문을 하질 않아 직원이 얼마나 업무를 이해했는지를 알 수가 없다는 것이다.

필자가 아이들에게 사주었던 『Why』라는 책이 있다. 이 책은 당시에 필자뿐만이 아니라 자녀를 키우는 부모라면 대부분이 사줘야 할 정도로 유명한 교육용 책이었다. 『Why』라는 책을 통해 아이들은 사물에 대한 궁금증을 유발시키곤 하였다. 그리고 'Why'라는 질문과 함께 아이들은 호기심이 늘고, 상황에 따라서는 자신이 한 질문에 대해 해답을 찾기도 했다. 이 'Why'라는 질문 다음에는 'How'라는 질문이 뒤따라온다.

우리 주위의 아이들과 학교, 직장에서도 이제는 'Why'라는 질문을 하는 아이들이 적어졌다. 교육 내용을 이해하지 못하거나 궁금한 사항이 있어도 'Why'라는 질문하기를 꺼려한다. 괜스레 질문을 해서 창피를 당하거나 핀잔을 듣는 것이 무섭기 때문이다. 그러나 'Why'라는 질문을 하지 않으면 당장의 곤란한 상황을 모면할 수는 있지만 제대로 업무를 끝마칠 수가 없다.

학창시절 보아온 우등생들은 시험을 본 뒤 시험지를 면밀히 검토하고 분석하여 자신의 것으로 만드는 친구들이었다. 그들은 자신이 무엇에 약한지, 무엇에 점수를 잃었는지를 확인하고 문제를 다시 풀어 해결책을 찾는다. 그리고 다음 시험에 동일한 유형의 문제가 나오면 절대로 틀리지 않는다. 그러나 대부분의 학생들은 시험이 끝나고 나면 시험지를 들춰보지도 않고 내팽개친다. 그래서 다음 시험에도 동일한 유형의 문제가 나와도 답을 쓰질 못한다. 우리의 현실은 당시의 열등생들의 행동과 같다. 틀린 문제를 분석하고 'Why'에서 'How'로 넘어가야 하는 상황인데도 불구하고 'Why'라는 질문조차도 하질 않는다. 우등생들은 이미 그 문제를 풀고 다음 단계의 문제를 풀고 있는데, 열등생들은 'How'는커녕 자신이 틀린 문제조차도 파악하지 못하고 있다. 'Why'라는 질문을 하자. 'Why'라는 질문을 하지 않는 습관을 가졌다면 이제부터라도 'Why'라고 질문을 하자. 그래야 회사의 발전이 있을 수 있다. 늘 하던 것을 그대로 답습하는 수준으로는 한층 발전할 수가 없다.

한국 최초의 호텔이 오픈한 이후 130여년이 지난 한국 호텔산업은 왜 아직도 발전하지 못했을까? 왜 세계 굴지의 호텔들에 비해 호텔브랜드 인지도가 낮은 걸까? 이러한 질문에 우리는 그동안 명쾌히 답을 해 주질 못했다. 왜일까? 'Why'라는 질문을 하지 않는 직원들과 'Why'라는 질문에 답을 해줄 지식을 가진 선배가 없어서이다. 후배들이 가볍게 던진 'Why'에 대한 질문에 명쾌히 답을 해줘야 할 선배들도 정작 'Why'라는 질문을 할 줄을 모르기 때문이다. 앞으로 살아남는 호텔은 직원들이 'Why'라는 질문을 잘하는 호텔만이 살아남을 수 있다.

마술은 아이들을 속이기 힘들다

- 새로운 관점에서 시장을 보기 -

어릴 적 주말이나 명절이 되면 방송국에서는 특별프로그램으로 마술쇼를 진행했다. 당시 어린이었던 필자는 신기한 마술세계에 흠뻑 빠져 마술사가 되겠다고 마술 책을 사다가 연습하기도 했다. 그중에서도 어린 동심에 가장 큰 영향을 준 마술사는 이스라엘 출신의 유리겔라였다. 유리겔라는 한국의 모든 사람들을 마술의 세계로 빠져들게 했다. 당시 그가 했던 마술 중에 가장 기억에 남는 마술은 숟가락을 쉽게 구부리는 것이었다. 한국의 모든 사람들은 누구나 할 것 없이 유리겔라의 현란한 마술에 빠져들어 열광을 했다. 이런 마술은 다양한 기술로 사람들을 속이는 일종의 눈속임이다. 마술은 요술이나 초능력이 아니다. 마술사는 다양한 기술을 수없이 연습하여 사람들에게 즐거움과 감동을 선사한다.

마술사의 이야기를 다룬 미국의 유명한 영화가 있다. 〈나우씨유〉라는 영화는, 남을 속이는데 탁월한 재주를 가진 마술사와 좀도둑을 모아 악덕기업을 대상으로 한 마술쇼를 펼쳐 보인다. 이들은 마술을 통해 그들을 응징한다. 구경하는 일반인들은 마술을 통해 정의를 구현하는 마술사들에게 환호를 한다. 그들은 사람을 상자 안에 넣고 사라지게 하는 마술, 카드를 날아가게 하는 마술, 그리고 한 관객을 뽑아 그가 거래하는 은행을 알아내고 멀리 프랑스에 있는 그 은행의 금고를 터는 마술 등 다양한 기술을 펼쳐 보인다. 관중들은 사라지는 사람을 보고, 그리고 멀리 프랑스까지 공간이동을 하는 쇼를 보고 감탄한다. 정치가, 학자, 심지어 과학자들조차도 이러한 마술쇼에 정신을 차리지 못하고 흠뻑 빠져든다.

그러나 이러한 마술에는 의외의 진실이 숨겨져 있다. 모든 사람들이 마술의 세계에 매료되어 빠져들지만, 일부 사람들은 마술에 매력을 느끼지 못하거나 쉽게 속지 않는다는 점이다. 마술사들은 이런 사람들 때문에 항시 그들을 '어떻게 하면 속일 수 있을까'를 고민한다. 이처럼 현란한 기술에 성인들도 속아 넘어가게 하는 능력을 가진 전문적인 마술사들이 가장 어려워하고 신경을 쓰는 대상은 의외로 성격이 꼼꼼한 성인도, 수학자나 과학자도 아닌 다름 아닌 순진한 어린아이들이다. 마술사들은 생각이 많은 성인들보다도, 단순한 생각을 가진 어린이들을 속이기가 가장 어렵다고 말한다. 그들은 호기심이 많을 뿐만이 아니라 그들이 마술을 바라보는 관점이 성인과는 다르기 때문이다. 마술사들은 모든 마술의 관점을 성인의 기준에 맞춰 연습을 한다. 시간, 각도, 관점 심지어 무대의 높이까지도 성인의 관점에 맞춰 제작을 한다. 당연히 어른들은 철저히 어른들의 눈높이에 맞춰 준비된 마술에 빠져 속임수임을 알아내질 못한다. 그러나 어린이들은 어른들보다 산만하여 한곳에 집중하기가 힘들고 호기심이 많기 때문에 어떻게 속임수가 진행되는지에 대한 궁금증을 풀기위해 계속해서 마술의 궁금증을 풀려고 한다.

그리고 아이들을 속이기 어려운 가장 큰 이유로는 아이들은 어른들이 보는 높이가 아닌 그들의 키, 즉 마술사의 아래에서 마술을 보게 된다. 그렇기 때문에 마술사의 손아래를 관찰할 수가 있다. 성인의 위치에서 바라보면 카드나 동전을 손 아래로 숨겨도 보이질 않지만, 어린이의 높이에서는 손 밑에 숨긴 카드나 동전을 쉽게 발견할 수가 있다. 그래서 아이들에게는 좀 더 세밀한 속임이 필요하다. 아이들의 작은 키는 바라보는 세상의 높이를 틀리게 한다. 아이들이 바라보는 세상은 어른들이 바라보는 일반적인 세상과 다르다. 우리가 성장하기 위해서는 어른의 관점이 아닌 아이들의 관점에서도 세상을 함께 바라보는 유연한 자세가 필요하다.

호텔이 타 산업에 비해 오픈된 시스템을 가진 산업이라고 생각하지만, 내부의 업무는 상당히 경직되어 있다. 지금까지 호텔의 문제를 어른의 키 높이와 관점에서 운영하고 문제점을 찾았다면, 이제부터라도 어린이의 눈으로도 호텔을 바라보아야 한다. 이러한 유연한 관점이 호텔의 문제점을 쉽게 찾아내고 해결할 수 있다. 어린이의 사고방식과 관점으로 보는 것이야말로 험난한 호텔산업에서 살아남을 수 있는 방법이다.

호텔을 이제는 어린이의 새로운 관점에서도 바라보자. 그러면 지금까지 몰랐던 호텔업의 새로운 면을 볼 수가 있을 것이다.

루저가 살아남는 세상

한때 루저Loser란 말이 유행했다. 루저란, "성공한 사람들과 비교하여 상대적으로 소외받고 있는 사람", 즉 '패배자'라는 부정적인 뜻으로 주로 쓰인다. 그러나 이러한 부정적인 의미의 루저는 학교나 직장에서 승진이나 시험에 떨어진 친구나 동료를 위로해주기 위해 격려의 농담으로 사용되기도 한다. 그렇다고 이 단어가 악의적이지는 않지만, 썩 좋은 의미를 가지고 있지는 않기 때문에 상심한 친구나 동료에게 사용할 때는 분위기를 맞춰 조심스럽게 사용해야 한다. 편안한 사람들과의 대화에서 나오는 루저라는 단어는 그나마 친근함과 애교의 의미로 사용되지만, 공식적인 경쟁이나 사회생활에서 사용한 루저란 단어는 자칫 타인이나 다른 집단에게 상당한 모멸감과 수치심을 안겨주기 때문에 이 단어를 사용할 때에는 특히 주의해야 한다.

몇 년 전 광주에서는 세계 수영대회가 개최되었다. 이 국제경기에서 각국의 선수들은 그동안 갈고 닦아온 실력을 다른 국가를 대표해서 참석한 선수들과 선의의 경쟁을 펼쳤다. 그러나 공교롭게도 경기를 하던 선수들 사이에서 서로를 루저라고 비하하는 사건이 발생했다. 모든 선수들은 경기 전에 약물검사를 받아야 하지만, 중국을 대표해 출전한 쑨양은 약물검사를 받지 않고 경기에 참가하여, 다른 선수들로부터 도핑 회피 의혹을 받았다. 그러나 쑨양은 도핑 회피 의혹을 비웃기라도 하듯 자유형 400미터에서 우승을 하였다. 그리고 시상대에서 금메달을 목에 걸고 포즈를 취하며 시상대에 올라온 2,3위 선수들과 악수를 하며 포즈를 취했다. 그러나 도핑 회피 의혹에 문제를 제기한 호주의 맥호튼 선수는 그와의 사진 촬영을 거부했다. 다음날도 동일한 사건이 일어났다. 200미터 결승에서 우승한 쑨양과 함께 동메달을 획득한 영국의 던커 스콧이 그와의 사진 촬영을 거부했다. 이에 격분한 쑨양은 "너는 루저야! 나는 승리자다."라고 고함을 질렀다. 우승을 하고도 상대방을 루저라고 비방하던 쑨양은 오히려 경기를 지켜보던 관객들로부터 심한 야유를 받았으며, 쑨양으로부터 루저라는 말을 들었던 맥과 스콧은 관객들로부터 응원의 박수를 받았다.

과연 쑨양은 승리자이고 맥과 스콧은 루저일까? 관객들은 왜 루저인 맥과 스콧에게 응원의 박수를 보냈을까? 쑨양에 의해 루저가 된 그들은 경기에서는 승자가 되지 못했지만, 오히려 관객들에게 있어서 만큼은 진정한 승자가 되었다. 그들은 우승한 쑨양처럼 많은 스포트라이트는 받지 못했지만, 쑨양처럼 도핑검사를 회피하지도 않았고 다른 선수들과 정정당당하게 선의의 경쟁 끝에 메달을 획득했다.

단순히 진급에 떨어졌다고, 대회에서 우승을 하지 못했다고 루저가 되는 것은 아니다. 오히려 우승한 쑨양이 자신보다 실력이 못하다고 고함을 치며 루저라고 놀린 맥이나 스콧이 진정한 승자일 수 있다. 루저는 위너가 가지지 못한 다양한 경험이나 생각을 가지고 있다. 그렇다고 실력이 모자라는 것도 아니다. 국가를 대표해서 국제대회에 나올 정도의 실력이라면 대부분의 선수들에게 있어 실력은 큰 차이가 없다. 그만큼 모두가 대회를 위해 보이지 않는 노력과 준비를 한 선수들이다. 차이가 있다면 상위 성적에 입상을 해서 메달을 따느냐 못 따느냐의 차이일 뿐이다. 선수들 간의 큰 실력 차이 없이 오직 당일의 선수 개개인의 컨디션이나 기분에 따라 실력이 달라질 수 있는 것이다.

졸업 후 동창 모임에 나가보면, 학창시절에는 별다른 두각을 나타내지 못하고 조용하게 생활하던 친구들이, 졸업 후에 모임에 적극적으로 참석하여 활동하는 것을 본다. 그들은 학교 성적에는 두각을 나타내지 못해 위너라는 소리는 듣지 못한 일종의 실력 있는 루저들이다. 그들은 조용히 자신이 잘하는 운동이나 취미생활, 자신의 소질을 꾸준히 개발하여 노력한 결과 수십 년 뒤에 그 분야에서 성공하였다. 당시 학업에 뛰어났던 친구들은 대부분 평범한 직장생활을 하고 있지만, 눈에 띄지 않던 그들은 어엿한 중견기업을 이끌거나 경제적으로나 사회적으로 자리를 잡았다. 필자의 생각에 독자 분들의 오해가 없길 바란다. 그렇다고 공부를 열심히 해서 좋은 성적을 거두던 친구들이 성공하지 못했다는 것은 아니다. 당시에는 공부에 두각을 보이지 못했던 루저라고 생각했던 친구들이 오히려 경제적으로 성공한 경우가 더욱 많다는 것이다.

이제 호텔에서도 루저의 반란이 시작될 것이다. 거대자본과 브랜드를 앞세워 파죽지세로 세를 확장하고 있는 호텔들에 비하, 상대적으로 작은 규모와 소자본을 가지고 호텔업을 진행하는 루저 호텔들이 서서히 두각을 나타내고 있다. 이 호텔들은 메머드급 규모의 호텔 건물을 가지고 있지도 않으며, 해외의 메이저 브랜드 간판을 걸고 운영을 하고 있지도 않은 중 · 소규모의 호텔들이다. 규모도, 브랜드도, 그리고 자본도, 볼거리도 없는 그저 그런 루저 호텔들이다.

그러나 최근에는 이러한 루저 호텔들의 반란이 시작되고 있다. 이들은 각자의 규모와 자신들만의 특색 있는 서비스를 앞세워 독립 브랜드로 운영을 하며 실속 있는 행보를 하고 있다. 고객들은 더 이상 위너만을 찾지 않는다. 고객들은 자신의 성향에 맞는 맞춤형 호텔을 선호하기 때문에, 작고 특색 있는 루저 호텔들이 거대 호텔들 사이에서 살아남을 수가 있다. 그들은 시골마을에서 양을 치며 생활하던 시골 촌뜨기 루저이다. 그러나 작고 힘없는 루저는 자신의 장점을 최대한 활용하여, 수많은 전장에서 승승장구하던 거인을 제압하고 승자가 되었다. 결국 최후의 승자는 해외의 거대 브랜드 호텔도, 중국의 쑨양도 아닌 조용한 반란을 일으키고 있는 실력 있는 루저들이 될 것이다. 우리는 패배자 루저가 아닌 다양한 경험과 생각을 가진 루저가 되어야 한다.

라면을 맛있게 끓이는 호텔

글쓰기에 집중하다 보면 어느새 시침은 자정을 지나 새벽을 가리키고, 손목과 어깨는 뻐근해져 오기 시작한다. 이쯤 되면 식사시간이 아닌 데도 이것저것 코와 입을 자극할 간식들이 생각난다. 더욱이 늦은 시간까지 책을 읽거나 글쓰기 작업을 하다 보면 어느새 허기가 지고 간식생각이 간절해진다. 도대체 내 뱃속에는 무엇이 들어있기에 이처럼 허기를 느끼는 걸까? 그나마 몇 줄 쓰던 글쓰기 작업을 잠시 멈추고 결국에는 야참으로 라면 끓일 준비를 한다. 한밤중에 그릇에 물을 붓고 렌즈에 불을 켠 후 라면 봉지 부스럭거리는 소리에 참다못한 아내가 나선다.

조용히 아내의 .라면 끓이는 모습을 바라보다가 뜬금없이 라면을 가장 맛있게 끓이는 방법이 무엇이냐고 물어본다. "내가 끓이고 싶은 대로 끓이면 돼." 나의 뜬금없는 질문이 황당했는지 아내에게서 되돌아온 답은 너무나도 성의가 없다. 필자의 업무 특성상 평소 호텔 셰프들과 가까이 지내다보니 간단한 요리는 다른 사람들에 비해 자신있게 할 수가 있다. 그래서 주말이 되면 가끔은 가족들에게 요리솜씨를 뽐낸다. 그러나 맛을 제대로 내는 요리는 복잡한 조리 과정을 거치는 요리보다는 오히려 라면처럼 조리가 간단한 음식이 맛을 내기가 더 쉽지 않다. 라면을 끓이는데 무슨 비법이 있는 것도 아닌데 유난이냐고 할지 모르지만, 라면에도 잘 끓이는 방법이 따로 있다. 라면을 맛있게 끓이는 방법은 비교적 간단하지만 조금은 복잡하다.

먼저 라면에 맞는 사이즈의 냄비를 찾아 물을 적당히(?) 붓고 끓인다. 라면이 99℃를 넘어 끓는 기화점이 되면 마치 용암이 땅 위로 기어 올라오듯 물방울이 냄비를 타고 올라온다. 그 순간을 놓치지 않고 라면과 분말 수프를 정확히 끓는 물 가운데에 넣는다. 그리고 대파를 일정한 간격으로 송송 썰고, 달걀을 깨트려 물속으로 퐁당 넣어 기다리고 있던 라면과 만나게 한다. 이때 취향에 따라 달걀은 깨서 통째로 넣어 끓이기도 하고, 풀어서 흩뿌려 넣기도 한다. 파와 달걀은 먼저 준비하고 있던 라면과의 상봉을 기뻐하며 좁디좁은 냄비 안을 톡톡 뛰어다닌다. 라면과 파, 그리고 달걀이 제대로 어울리는 것을 확인한 후 5~7분정도 보글보글 끓이면 맛있는 라면이 된다. 취향에 따라서는 달걀을 먼저 넣고, 파는 달걀이 완전히 익기 전에 넣어 생기가 풀릴 때쯤 불을 끈다. 이처럼 제대로 끓인 라면의 맛을 잊지 못하는 것은 나이가 든 지금이나 학창시절이나 변하지 않은 것 같다.

이것이 필자가 터득한 라면을 맛있게 끓이는 숨은 비법이지만, 이러한 비법보다도 더욱 라면을 맛있게 끓이는 방법이 따로 있다. 라면 봉지를 펼쳐보면 〈라면 조리법〉이라는 것이 있다. 조리법에는 라면을 끓일 수 있게 자세한 설명이 적혀 있다.

첫째, 물 550밀리미터(3컵 정도)를 끓인 후 둥근 면과 분말 수프,

프레이트, 다시마를 넣고 5분간 더 끓인다.

둘째, 이렇게 조리된 라면을 그릇에 담는다.

셋째, 삶은 달걀과 유부, 계절마다 즐길 수 있는 신선한 야채와 함께 먹으면 한층 더 맛있게 즐길 수 있다.

설명서에 나온 조리법은 생각보다 아주 간단하다. 그러나 이 조리법을 알아내기 위해 제조사에서는 수많은 조리사들과 연구원들이 수천 번의 조리를 해가며 오랜 시간 연구하여 다양한 최적의 조리법을 얻어냈을 것이다. 이 라면봉지의 설명서에 있는 조리법이 가장 라면을 맛있게 끓이는 최적의 방법일지도 모른다. 그러나 가장 좋은 조리법은 자신의 취향에 맞게 끓이는 방법이다. 필자는 면이 푹 익은 상태가 좋다. 그래서 라면을 끓일 때도 면이 푹 익는 것을 확인하며 끓이곤 한다.

P호텔에 근무할 때 유난히 친하게 지내던 셰프 선배가 있었다. 아침 회의가 끝나면 의례히 선배 사무실에서 차 한 잔을 하며 업무협조와 상품개발에 관한 이야기를 나누며 하루를 시작했다. 어느 날 선배에게 스파게티면 삶는 법을 배운 적이 있다. 선배는 스파게티 면은 7~8분정도가 가장 적당하다고 말했다. 7분이면 7분, 8분이면 8분이지 애매모호하게 7~8분은 왜일까? 필자는 종종 집에서 스파게티를 할 때면 면을 8분 이상 삶는다. 아내는 퍼진 면이 싫다고 난리지만, 그래도 필자는 조금 덜 익은 면보다는 조금 더 익은 면이 좋다. 당시 선배가 알려준 면을 삶는 최적의 방법도 지금 생각하면 자신의 취향에 맞는 시간이 아닐까?

호텔도 라면 끓이는 방법처럼 각 호텔들이 운영하는 최적의 방법이 있다. 바로 자신들의 호텔 컨디션에 맞게 운영하는 것이다. 최근 호텔들은 정해진 룰대로 라면을 끓이듯, 고객의 취향을 무시하고 일방적이고 일률적인 방법으로 호텔을 운영한다. 그러다보니 어느 호텔 하나 자신들만의 특색을 가지고 운영하질 못하고 있다. 시스템 운영, 인력 운영, 상품개발, 디자인, 심지어 사용하고 있는 내부 양식까지도 모두가 비슷비슷하다. 자신들만의 독특한 색도, 냄새도 없는 그저 무미건조 무색무취의 운영을 하고 있는 것이다. 호텔의 위치가 서울이라면 비즈니스 형태의 운영이 맞다. 호텔의 위치가 강릉이나 속초, 부산, 그리고 제주라면 당연히 리조트 형태로 운영해야 한다. 지방에 있는 호텔을 서울의 호텔처럼 운영을 한다면 실패할 수밖에 없다. 이러한 호텔 운영도 라면 끓이는 방법이 다르듯 달라야 한다.

라면을 끓이는 방법이 다양하듯 호텔에 찾아오는 고객, 호텔의 위치, 호텔이 가지고 있는 시설, 그 호텔의 규모에 맞게 운영해야 한다. 어느 호텔이 반드시 달걀과 파를 넣어야 된다면, 어느 호텔에서는 라면 본연의 담백한 맛을 내기 위해 아무것도 첨가하지 않고 면과 수프만 넣고 끓일 수도 있다. 면을 끓이는 시간도 고객의 취향에 맞게 5분이 될 수도 있고, 스파게티 면처럼 7~8분이 될 수도 있다. 지금까지 아무 생각 없이 라면을 끓였다면, 지금부터라도 호텔 나름의 라면 끓이는 방법을 찾아야 한다. 살아남을 수 있는 호텔은 자신들만의 방법으로 라면 끓이는 방법을 찾아 고객들에게 맛있게 제공하는 호텔만이 살아남을 수 있다.

고객 리뷰를 무서워하는 호텔

사람들은 누구나 무서워하는 것을 하나쯤 가지고 있다. 그러나 무서움의 대상은 개인의 생각과 경험에 따라 달라진다. 누구는 어렸을 적에 물에 빠진 기억으로 인해 물을 무서워하고, 어느 누구는 산을 무서워하기도 한다. 그리고 어느 누구는 어릴 적에 개에게 물린 트라우마로 인해 공격성 없는 어린 강아지를 보고도 물릴까봐 무서워한다. 이처럼 사람들에게 무서움을 주는 공포의 대상은 자신이 살아온 삶 혹은 경험한 사건의 내용에 따라 달라질 수 있다.

필자는 어둠을 무서워한다. 어둠 자체가 무섭기보다는 어둠 뒤에 가려서 보이지 않는 그 무엇이 무섭다. 어둠은 앞을 볼 수 없게 한다. 앞을 보지 못하면 공포심을 유발하며 이 공포심은 심한 불안감을 안겨준다. 어두운 밤이 무서운 것은 단지 앞이 보이지 않는 것이 아니라, 이로 인해 공포심과 불안감을 유발하기 때문이다. 어둠은 단지 시각적으로 눈앞이 보이지 않는다는 생각에 불안감을 더욱 증폭시킨다. 따라서 있지도 않은 사실이나 물건 혹은 사건은 어둠이라는 존재하지 않는 무형의 존재로 인해 더욱 과장된다. 그래서 혼자서 어둡고 으슥한 곳을 지나가거나, 집으로 귀가할 때에도 어두운 곳보다는 환한 길을 택해서 이동을 한다.

그렇다면 호텔리어와 호텔은 무엇을 무서워할까? 당연히 호텔에서는 무리한 요구를 하는 고객을 무서워한다. 프런트에 와서 자신의 생각만을 일방적으로 강요하는 고객들은 대책이 없다. 그러나 이러한 행동을 하는 고객들은 대부분 뒤끝이 없는 고객들이다. 오히려 프런트에 와서 자신의 불만을 강하게 이야기하는 고객은 호텔의 대응에 따라 우호적인 고객이 되기도 한다. 그러나 이러한 고객보다 더욱 무서운 고객이 있다. 이들은 불만이 있어도 아무런 말없이 조용히 퇴실한다. 이러한 형태의 고객은 유·무선상으로 사과를 해도 마음이 좀처럼 풀리지 않는 경우가 많다. 그래서 불만에 대한 해결책을 찾기가 쉽질 않다. 그들은 앞에서 직접적으로 불만을 이야기하진 않지만, 퇴실한 뒤에 온라인상으로 자신의 불만을 올린다. 그래서 호텔은 이러한 고객들로 인해 늘 긴장할 수밖에 없다.

필자가 아침 일찍 출근해서 가장 먼저 확인하는 일은 고객이 남긴 후기를 체크하는 일이다. 체크아웃 하는 고객은 호텔에 대해 불만이 있어도 직원에게 아무런 이야기를 하지 않고 그대로 체크아웃을 한다. 직원들은 당장에는 안도의 한숨을 내쉬지만, 고객은 마음속에 담아둔 불만을 집에 돌아가 호텔 홈페이지나 다양한 SNS의 리뷰를 통해 토해낸다. 당연히 직원들은 한 방 맞은 듯한 멍한 상태가 된다. 그리고 고객이 남긴 이 리뷰는 다른 고객이 호텔을 선정하는 선택의 순간에 많은 영향을 주게 된다.

고객들이 호텔 선정 시 영향을 주는 요인으로는 호텔의 가격, 호텔이 가지고 있는 호텔 브랜드, 디자인, 시설 그리고 호텔의 위치와 고객들이 남긴 리뷰이다. 이 중 고객 리뷰는 고객 입장에서는 물건을 구매할 때에 좋은 정보가 될 수도 있지만, 판매자 입장에서는 이처럼 골치 아픈 것이 없다. 최악의 사태, 즉 고객이 호텔 이용 후 남긴 후기에 최악의 악평을 게재했다면 바로 호텔 전체에도 악영향을 준다. 고객이 남긴 악성 리뷰는 다른 고객들에게 전달되어 구매를 결정했던 고객의 마음조차도 돌리게 한다. 그래서 고객 리뷰는 그만큼 판매자 입장에서는 신경을 쓸 수밖에 없다.

그렇다면 악성리뷰를 남긴 고객은 무엇에 화를 내는가? 시설이 좋은 5성급 호텔에 투숙하고, 제대로 교육된 호텔리어의 서비스를 받는다면 대부분의 고객들은 만족을 한다. 그러나 일부 고객들은 이러한 서비스를 받고도 자신의 취향과 맞지 않는다는 이유로 호텔에 불만을 제기한다. 다양한 연령층의 고객과 다양한 국적의 고객, 그리고 백인백색의 취향을 가진 고객들이 호텔을 이용하다보니 모든 서비스를 그들에게 맞춤으로 제공할 수는 없다. 그러다보니 어떤 때는 선의의 피해를 호텔이 입기도 한다. 그래서 호텔은 일정의 스탠다드한 서비스 수준을 유지하도록 직원을 교육시키고, 상황에 따라 현장에서 처리할 수 있게 권한을 직원에게 위임한다. 대부분의 고객 불만은 현장에서 처리되지만, 거르지 못하는 불만은 리뷰를 통해서 접하게 된다. 이러한 고객의 리뷰는 호텔리어가 가장 무서워하는 것이지만, 한편으로는 호텔의 서비스를 한층 더 업그레이드 할 수 있게 할 수 있는 좋은 자료가 된다.

좋은 호텔을 고르고 싶다면 호텔이 고객 리뷰를 어떻게 대응하고 있는지를 확인해 보면 된다. 좋은 호텔일수록 고객이 남긴 리뷰에 정성을 가지고 대응을 한다. 형식적인 멘트와 무대응으로 일관하며 고객을 무서워하지 않는 호텔은 가급적 이용하지 않는 것이 좋다. 고객을 섬기고 고객의 리뷰에 두려움을 갖는 호텔들만이 살아남는다.

오늘도 출근을 하자마자 가장 먼저 고객이 남긴 리뷰를 확인한다.

리조형 호텔들이 살아남는다

필자는 주말이 되면 농부가 된다. 주말이 되면 아침 일찍 간단한 음식과 농사도구를 차에 싣고 집 주위에 있는 작은 텃밭으로 향한다. 크지는 않지만 작은 텃밭에는 가족들이 한 주 동안 먹을 수 있는 야채와 과일을 키운다. 이 작은 텃밭 하나를 관리하는 일은 생각보다 쉽지 않다. 봄이 되면 밭을 곱게 갈아엎고, 퇴비를 주고, 한 해 동안 키울 모종을 사다가 심는다. 그리고 여름 내내 농작물이 말라 죽지 않게 물을 주고 심은 작물들이 잘 성장할 수 있도록 풀을 뽑아준다.

이렇듯 작물을 직접 키워보기 전까지는 농사일이 얼마나 신경이 쓰이고 힘이 드는지를 알지 못했다. 야채 몇 개를 키우는데 이 정도인데, 벼농사나 과수농사를 지을 때는 더욱 힘이 든다고 한다. 특히 과수농사는 나무에 병충해가 생기지 않게 송충이를 잡아주거나 자주 농약을 해주어야 병충해를 입지 않고 꽃이 맺혀 과실이 튼튼해진다고 한다. 그리고 열매가 달리면 과실보다 줄기나 잎이 과하게 성장하지 못하도록 그때그때 줄기를 제거해 주거나 영양이 나무에 고루 갈 수 있게 적당한 토양을 만들어주어야 한다. 줄기나 잎이 과하게 성장하면 열매나 결실에 영향을 주기 때문에, 한 해 동안 정성들인 농사를 망칠 수가 있기 때문이다.

나무와 달리 감자나 고구마는 땅속의 줄기가 중심이다. 그래서 수확기가 되면 줄기는 버리고 땅속에서 자란 본줄기인 고구마와 감자를 캔다. 이렇듯 땅속 줄기와 땅 밖의 줄기가 다른 형태를 지닌 것을 '리좀'이라고 한다. 리좀형 식물은 각자의 줄기가 성장을 하여 결실을 맺는다. 그러나 과번무 상태가 지속 된다면 본가지에 영양을 제대에 공급하지 못하고 고구마의 성장은 없이 입만 자라는 기형적인 역성장형태로 자라게 된다.

국내의 작은 호텔시장에서 지금껏 큰 병충해나 재해 없이 성장한 한국 호텔들의 성장 상태는 어떠한가? 지금의 호텔산업은 마치 농작물의 본가지가 자라지 않고 순만 너무 웃자라는 과번무 상태와도 같다. 이 상태가 지속되면 결국에는 수년을 지어온 호텔농사를 망칠 수도 있다. 그나마 다행인 것은 조금은 늦었지만, 한국 호텔들도 좁은 텃밭과 같은 호텔시장에서 벗어나 세계시장으로 진출하려는 시도를 하고 있다는 점이다. 한국 호텔들이 세계화를 하려면 자신의 것에 다양한 색과 문화를 입혀 새롭게 뿌리를 확장해야 한다. 좁은 토지에서 고구마의 과번무 현상처럼 서로 쇠퇴하기보다는, 리좀형 성장으로 살아남아야 한다. 그래야만 남들이 성공하지 못했던 극지사막과 동토의 땅에서도 아름다운 꽃과 풍성한 과실을 맺을 수 있다.

김형태 교수는 그의 책에서 리좀형 기업에 대해 언급을 했다. 그는 리좀형 기업의 대표적인 기업으로 '시스코'를 꼽았다.

1984년에 미국의 샌프란시스코에서 설립된 시스코는 다른 기업에 비해 그 역사는 길지 않다. 그러나 역사가 짧은 신생기업이 어떻게

30년이란 시간 안에 세계시장을 석권할 수 있었을까? 다른 세계적인 기업이 선점하고 있는 치열한 시장에서 어떻게 승리할 수 있었을까? 김교수는 그 원인을 바로 리좀형 기업 운영에서 찾고 있다. 시스코는 다양한 기업들을 인수 합병함으로써 기업의 확장과 함께 경쟁력을 확보할 수 있었다고 한다. 이 시스코는 평균적으로 연간 여섯 개의 기업을 인수했다고 한다. 이 수치는 두 달에 하나의 기업을 인수한 수치와 같다. 인수된 각각의 회사는 각자의 성장 방법에 의해 개별 성장을 하고, 개별 회사는 다시 다른 회사들과 함께 시너지효과를 내며 동반성장을 이룩했다. 그러나 가장 중요한 점은 리좀형 기업인 시스코에는 역동적이고 혁신적인 사람들이 많이 존재하며 '조직적으로 아주 수평적이며 다양한 문화를 아주 쉽게 받아들이는 기업 문화'가 확고하다는 데에 있다. 이러한 인수/피인수 된 회사는 각자의 회사가 시스코의 중심으로 성장하여 하나의 큰 기업으로 성장할 수 있는 원동력이 되었다. 이것은 리좀형 기업 운영이 아니고서는 불가능한 일이다.

한국의 호텔들도 세계화가 되기 위해서는 '시스코'와 같은 이러한 리좀형 기업을 거울삼아야 한다. 다른 회사를 인수하여 몸집을 키우라는 이야기가 아니라, 호텔을 확장하더라도 개별 호텔들이 각기 지역이나 시장상황에 맞게 변화하며 성장한 후 하나의 회사와 동반 시너지 작업을 해야 한다는 의미이다. 시스코처럼 양지로 나온 상태에서는 각자의 콘셉트를 세상에 펼칠 수 있게 다양한 문화, 공간, 운영형태 등을 가진 호텔들과 접목해야 한다. 현재의 획일화된 호텔 문화와 운영이 아닌 각자의 색을 지닌 호텔들이 지역에서 성장시키고 그 호텔들은 큰 테두리 안에서 다시 하나의 호텔로 만들어 시너지효과를 낸다면, 다른 나라의 호텔산업에 비해 늦게 시작하지만 더욱 빠르고 견실하게 성장할 수가 있다.

이제는 우리 호텔기업도 한국의 독특한 국민성인 빠르고 진취적인 성향에 역동성과 혁신성을 보강해야 한다. 그리고 한국의 수직적인 문화를 수평적인 문화로 바꾸는 작업을 해야 한다. 더없이 넓게 펼쳐진 시장 위에서 각자의 호텔들이 성장할 날들이 오길 기대한다. 그것만이 우물 안 개구리를 벗어나 세계로 도약하는 한국 호텔들이 살 길이다. 이러한 리좀형 기업 형태는 우리 호텔들이 살아남을 진정한 방법이 아닐까?

스토리를 파는 호텔

컨설팅을 하다 보면, 업무상 다양한 호텔을 방문할 기회가 많다. 5성급 호텔에서 비즈니스 호텔, 그리고 서울의 럭셔리 호텔에서 지방의 작고 이름 없는 호텔까지 다양하다. 하지만 이러한 호텔들을 방문하면서 공통적으로 느끼게 되는 점이 있다. 잘 되는 호텔과 안 되는 호텔의 차이점이다. 잘 되는 호텔은 해외의 멋진 브랜드를 달고 럭셔리한 시설을 갖추고 서비스교육이 잘 된 호텔리어를 채용한 호텔들이 대부분 영업도 잘 된다. 그러나 모든 것이 완벽하게 갖추어진 호텔임에도 불구하고 고객들의 발길이 뜸한 호텔을 종종 보게 된다. 이러한 호텔들의 공통점 중 하나는 호텔에 녹아있는 그 호텔만의 스토리가 없다는 점이다.

호텔은 고객들에게 객실과 레스토랑의 음식을 판매한다. 그러나 잘되는 호텔에서는 객실과 레스토랑의 음식만이 아닌 고객에게 스토리와 추억을 함께 판매한다. 호텔은 그들만이 가지고 있는 호텔의 스토리를 고객과 공유할 뿐만 아니라, 호텔을 방문한 고객들에게 이용하면서 남게 되는 또 다른 즐거움과 추억도 함께 제공한다. 잘되는 호텔에는 작은 이벤트 상품 하나하나, 고객이 머무는 객실의 가구, 로비의 조형물에게까지 스토리가 심어져 있다. 심지어 호텔에 근무하고 있는 직원 한 명 한 명에게도 스토리가 있다. 고객 중에는 이러한 다양한 호텔의 스토리를 체험하기 위해 방문하는 사람들도 있다. 호텔 상품을 팔기 위해서는 누가 건물을 디자인했고, 얼마나 많은 비용을 들여서 객실을 치장했느냐는 별로 중요치 않다. 실질적으로 호텔 구석구석에 스토리가 녹아져 있느냐 없느냐가 중요하다. 그래서 호텔에는 독특한 그들만의 스토리가 있어야 한다.

소공동에 위치한 웨스틴조선호텔 로비에는 고객들이 감상할 수 있는 고가의 미술품들이 전시되어 있으며, 레스토랑에서는 역사유물들을 보며 식사를 할 수 있다. 롯데호텔 본관 1층에는 호텔업의 변천을 알 수 있는 호텔박물관이 존재한다. 광화문에 위치한 포시즌호텔 뷔페식당 '더마켓키친'에는 호텔 건립 당시 출토된 역사유물들이 그대로 보존되어 전시되어 있다. 물론 호텔에는 이밖에도 고객들이 알지 못하는 다양한 스토리들이 숨겨져 있다.

필자가 시청에 위치한 P호텔에 근무할 때의 이야기다. P호텔은 기존 건물을 기둥만을 남기고 6개월간 대대적인 공사를 진행했다. 그리고 새로운 스토리가 스며든 건물을 고객들에게 선보였으며, 객실과 레스토랑의 음식을 판매하기 위해서 수많은 스토리를 만들었다. 심지어 건설 공법과 로비 바닥의 색 로비를 장식한 조각 작품도 스토리가 되었다. 디자인에서부터 공사 현장에 얽힌 모든 이야기를 호텔에 녹여 놓았다. 그리고 업장의 음식 하나하나에도 스토리를 녹여 고객들에게 선사했다. 그 결과는 리오픈 이후 의도한 대로 성공을 거두었다. 고객들은 객실 하나하나, 객실비품 하나하나에 숨겨진 스토리를 구매했고, 스토리는 고객의 입과 입을 통해 전파되었다.

상품을 파는 방법 중에는 가장 효과적이고 고객에게 어필하기 좋은 방법이 바로 스토리를 입혀서 파는 방법이다. 여행지에서의 숙소를 찾는 방법에는 위치를 우선시하는 사람, 가격대비 가성비가 좋은 곳을 선택하는 고객, 그리고 고객들이 남긴 후기 등을 면밀히 확인하여 정하는 방법 등이 있지만, 동일한 조건이라면 필자는 무엇보다도 호텔 구석구석에 녹아 있는 스토리를 가지고 있는 호텔이라면 망설임 없이 호텔을 선정한다. 더욱이 요즘처럼 좋은 시설을 갖춘 메머드급의 호텔들이 하루가 멀다고 오픈하는 상황에서 기존의 호텔들이 이들과 경쟁하기란 더더욱 힘들다. 그래서 오래된 호텔일수록 그들만이 가지고 있는 이야기를 발굴하여 스토리를 입히는 작업이 중요하다. 동일한 가격, 동일한 품질을 가진 상품이 고객의 선택을 받기 위해 스토리라는 옷을 입혀 판매하면 상황은 달라진다.

필자는 호텔을 운영하면서 수도 없이 스토리에 대한 부분을 강조해 왔다. 타 호텔에 비해 시설과 위치가 열악한 호텔일수록 고객들에게 좀 더 어필할 수 있는 방법은 스토리뿐이라고 생각했기 때문이다. 이러한 스토리를 잘 활용하여 수많은 매출과 판매를 올린 기업이 있다. 바로 '탐스슈즈'라는 신발회사이다.

탐스슈즈는 창업자인 블레이트 마이코스키는 아르헨티나를 여행하는 중에 신발도 제대로 신지 못하고 다니는 어린아이들을 보고 관심을 갖게 되어, 그들을 도와주고 싶은 마음에 신발회사를 창업했다. 탐스슈즈는 신발을 한 켤레 구매할 때마다 가난한 지역의 어린이들에게 동일한 신발 한 켤레를 전달한다. 'One for One'라는 슬로건 아래 탐스슈즈는 일반소비자들에게 신발 두 켤레 값을 받아가며 신발을 판매한다. 언뜻 보기에는 일반 슈즈에 비해 특별한 기능도, 디자인도 차별화가 되지 않는 슈즈를 두 배 가격에 구매하는 것이 이해되지 않지만, 고객들은 이러한 탐스슈즈의 창업스토리와 기업모토에 감동하여 자신의 지갑에서 두 배의 가격인 슈즈를 선뜻 구매한다.

이렇듯 회사 자체가 가지고 있는 스토리는 고객들에게 호기심과 구매심리를 자극하여 동일한 조건의 품질과 가격이라면 다른 상품보다 우선 스토리가 있는 상품을 구매하게 한다.

호텔 중에는 고객들에게 위압감을 줄 정도로 규모가 크거나 다양한 시설을 갖춘 호텔이 많다. 거대 자본을 투자한 호텔은 당연히 시설도 최고로 만든다. 그러나 투숙하는 고객들은 크고 좋은 호텔의 부대시설이나 로비를 원하지 않는다. 그들은 100평의 펜트하우스나 풀옵션의 객실에서 1대1 바틀러서비스가 제공되는 호텔에서의 하룻밤이 아닌, 호텔 투숙을 하며 오랜 시간이 지난 뒤에도 가슴 속에 남을 추억을 원한다. 상투적인 추억이 아닌 그 호텔에서 간직하고 싶은 추억을 남기고 싶어 한다. 따라서 호텔은 고객이 오랫동안 좋은 추억을 간직할 수 있도록 스토리를 선사해야 한다. 이것은 단순히 돈을 투자한다고 해서 단시일 내에 만들 수 있는 것은 아니다. 호텔이 가지고 있는 업력을 통해 점진적으로 쌓아올릴 수 있는 것이 스토리이다.

이제는 고객도 스토리가 있는 호텔을 찾고 호텔을 이용하면서 추억을 남기고 싶어 한다. 이러한 고객의 욕구가 강하면 강할수록 호텔은 고객을 위한 호텔만의 스토리를 준비해야 한다. 스토리와 추억이 없는 호텔은 더 이상 고객들로부터 사랑받을 수가 없다.

돈 낸 가치 이상의 서비스를 제공하는 호텔

필자가 호텔 생활을 한지도 벌써 20년을 훌쩍 넘었다. 입사 초기에는 남들이 뭐라고 하든, 내가 원하고 좋아하는 일을 한다는 생각에 정신없이 앞만 보고 달려왔다. 그래서 남들보다 조금 일찍 승진도 하고, 조금은 어린 나이에 호텔리어의 정점이라고 하는 총지배인도 될 수가 있었다. 그러나 모든 일들이 쉬운 것만은 아니었다. 중간 중간에 남모를 힘든 일들도 있었다. 그때마다 동료들이나 선배들이 하는 한결 같은 조언이 있었다.

"쉬엄쉬엄 해라. 앞만 보며 달리지 말고, 옆도 뒤도 보면서 걷기도 해야지.", "왜 그리 열심히 일하느냐? 회사가 준 돈만큼만 일을 해라."

당시에는 그 뜻이 무슨 의미를 가지고 있는지 정확하게 알지를 못하고 내가 하는 일 자체가 즐거웠고, 브레이크 없이 고속도로를 달리는 기분이었기에 그저 일에만 몰두했다. 그러던 어느 날 프런트 앞을 지나가다 호텔 서비스가 무조건 마음에 들지 않는다며 호텔 직원에게 컴플레인을 하는 고객을 보며 선배들이 당시에 필자에게 해주었던 조언을 다시 한 번 생각해보았다. 호텔도 회사가 준 돈만큼 일하려는 직장인들처럼, 고객이 낸 돈의 가치만큼 고객에게 서비스를 해주면 되는 것인가? 어떻게 하면 지불한 비용의 가치를 판단해서 서비스를 제공해 줄 수가 있을까?

호텔에서 직원이 제공하는 서비스를 비용으로 환산하기에는 매우 어렵다. 호텔에서 제공하는 서비스는 거리에서 물건을 구입하기 위해 자판기를 이용하듯 간단하고 쉽게 가치를 판단할 수 있는 일은 아니다. 자판기에서 판매되는 물건은 이미 가치가 정해진 공산품으로 고객은 정해진 비용만큼 자판기에 돈을 밀어 넣고 나오는 물건을 받기만 하면 된다. 이 자판기는 이용하기가 쉽고 고객이 많이 움직이는 동선에 설치되어 있어, 고객 입장에서는 언제나 필요할 때 편리하게 이용할 수 있다는 장점이 있다. 또한 자판기의 종류만 해도 일반 음료를 뺄 수 있는 음료 자판기, 커피 자판기, 그리고 아이스크림 자판기까지 그 종류 또한 다양하다.

자판기는 특유의 편리성과 간편성으로 인해 사람이 필요로 하는 모든 물품을 팔수가 있다. 그러나 이렇듯 편리한 자판기도 지켜야 하는 룰이 있다. 자판기에 오백 원짜리 동전을 넣고 천 원짜리 물건을 구매할 수는 없다. 오백 원을 넣으면 반드시 오백 원 가치를 하는 물건만 나오게 되어 있다. 절대로 천 원짜리 물건이 나오질 않는다. 자판기는 반드시 고객이 낸 돈만큼의 물건을 고객에게 제공한다. 자판기에서 돈을 내지 않고 비싼 물건을 받을 수 있을까? 간혹 자판기의 고장으로 인해 고객이 낸 돈을 자판기가 슬쩍 먹거나 오백 원짜리 물건이 아닌 천 원 이상의 가치를 가진 물건이 나오는 경우도 있지만,

이러한 일들은 거의 불가능하다. 자판기에서 제대로 된 물건을 받고 싶다면 원하는 물건에 상응하는 비용을 지불해야 한다. 고장 난 자판기가 아닌 이상 낸 돈 이상의 물건을 제공해 줄 자판기는 어디에도 없다.

그러나 호텔을 이용하는 고객들은 호텔에 일정 비용을 지불하고도 비용 이상의 서비스를 요구한다. 호텔상품을 구매한 일부 고객들은 정작 자신이 낸 비용은 생각지도 않고, 지불한 돈보다도 더 많은 서비스나 혜택을 호텔에 요구하기도 한다. 자신이 요구한 객실과 다소 상이하거나 제공되는 서비스에 만족하지 못하면, 이미 지불한 돈을 환불 요구하는 고객도 있다. 이쯤 되면 아무리 착한 호텔리어라고 해도 마냥 웃는 얼굴로 고객에게 서비스를 제공하진 못할 것이다.

진정한 고객은 물건이나 서비스에 맞는 적정한 비용을 지불한 고객이 진정한 고객이다. 호텔의 서비스도 고객이 낸 비용만큼 제공하는 것이 당연하다. 그러나 호텔은 동전을 자판기어 넣는다고 해서 고객들을 매몰차게 대하거나 냉대하지 않는다. 더불어 억지를 부리는 손님조차도 친절하게 응대해준다. 호텔에서는 남지 않는 밑지는 장사지만, 이것이 자판기와 다른 호텔의 서비스이며 우리가 선택한 호텔산업의 숙명일 수도 있다.

그렇다면 고객은 비용 이상의 서비스를 제공해주는 호텔리어에게 불만보다는 고마운 마음을 가져야 하지 않을까? 그래야 호텔들도 고객이 낸 돈의 가치 이상의 서비스를 제공하기 위해 노력할 것이다.

호텔리어가 왕인 호텔

후배와 점심식사를 함께 하고 우리는 오픈한 지 얼마 안 되어 보이는 커피숍을 찾았다. 식사 후 우리가 들른 커피숍은 조금은 인적이 드문 길가에 위치한 작은 규모의 커피숍이었다. 그러나 이 작고 아담한 커피숍은 생각 외로 손님들의 발길이 끊이질 않았다. 우리는 왜 이 커피숍이 잘 되는지에 대해 상당히 궁금해 했다. 이 작은 커피숍 주위에는 이미 많은 대형 유명브랜드 커피숍들이 자리를 잡고 있어 이들과의 경쟁 또한 만만치 않아보였다. 우리는 한 시간정도 이런저런 이야기를 하면서 커피숍을 방문하는 사람들의 연령대, 성별, 그리고 어디에서 와 어디로 가는지 등의 동선을 파악하며 우리만의 해답을 찾아보았다. 짧은 시간이었지만 우리가 내린 영업의 비밀은 바로 직원들에 있었다.

30대 초반으로 보이는 직원들은 분주히 커피를 만드느라 일일이 들어오는 고객을 제대로 응대하지는 못했지만, 즐겁고 환한 미소와 마음에서 우러나오는 친절함으로 대했다. 바쁜 와중에도 그들은 찾아오는 고객을 편하게 모시고자 노력하고 있었다. 손님들에게 커피의 맛은 차후의 문제로 보였다. 커피를 마시고 나가는 모든 고객들의 표정에서는 직원으로부터 자신이 진심 어린 서비스를 받았다는 것을 느낄 수가 있었다.

여러 호텔들을 방문하다 보면 후배와 함께 방문했던 이 작고 강한 커피숍처럼 직원들이 활기차고 즐거운 모습으로 고객을 맞는 호텔들을 보게 된다. 이들 호텔들의 공통점은 회사는 작지만 오너나 경영진들이 직원을 가족처럼 대한다는 점이다. 호텔에서 이들은 또 다른 왕처럼 대접을 받고 있는 것이다.

당연히 호텔에서의 왕은 호텔을 이용하는 고객이다. 그러나 호텔의 진정한 왕은 호텔을 이용하는 고객에게 서비스를 제공하는 직원들이다. 생각을 달리 해보면 방문한 고객을 왕(직원)이 직접 도신다면 고객들은 어떤 느낌을 받을까? 내 시중을 들고 서비스를 제공하는 사람이 다름 아닌 왕이라는 생각만으로도 흥분되고 즐겁지 않을까? 그러나 반대로 자신을 대하는 호텔리어가 일반 종업원이라고 생각한다면 동일한 서비스를 받고도 서비스에 대한 감동이 덜 느껴질 것이다. 고객들에게 제대로 서비스를 제공하기 위해서는 자신이 근무하는 호텔의 직원들이 그만한 대우를 받아야 고객들에게 마음에서 우러나오는 서비스를 제공할 수 있다.

그래서 필자는 호텔에 근무하는 호텔리어들을 왕처럼 모시는 노력을 한다. 그러나 아쉽게도 우리 주위에는 직원들을 왕으로 모시기는 커녕 신하나 자신의 몸종 정도로 여기고 하대하는 오너들이 많다. 고객을 모시기에 앞서 고객을 대하는 직원들이 제대로 된 대접이나 평가를 받지 못한다면, 과연 고객에게 기대 이상의 서비스를 제공할 수가 있을까? 직원을 왕처럼 대하는 것은 단순히 급여를 많이 주거나, 한 달에 한 번 직원과 식사를 같이한다고 해서 되는 것이 아니다. 가족과 같은 분위기를 만들기 위해 직원의 생일이나 결혼기념일을 챙기고, 그들의 개인적인 고민거리를 들어주고 아파해주며 즐거워하면서 어려울 때 그들 곁에서 함께 해야 한다. 고객들이 컴플레인을 하면 뒤로 물러서지 않고 직접 고객과 부딪쳐 문제를 해결해 준다. 최대한 고객을 배려하지만, 무리한 요구나 직원에게 해를 가하려 하면 고객보다는 직원의 편에 서서 대처를 해야 한다. 그래야 고객은 왕인 직원들에게 더욱더 기억에 남는 특별한 서비스를 받을 수가 있다.

호텔 중에 직원을 왕으로 모시는 호텔이 있다. GS그룹의 계열사인 나인트리호텔이다. 이 호텔은 지금도 호텔사업을 확장하고 있으며 현재 다양한 비즈니스급 호텔을 운영하고 있다. 이 호텔은 고객을 모시기에 앞서 직원들에게 최대한의 서비스를 제공하려 노력을 한다. 직원들이 호텔에 입사하면 그들의 부모님을 호텔로 초대하여 호텔에 투숙시키고 자식들이 근무하고 있는 호텔을 직접 체험하게 한다. 그리고 호텔에서 가장 비싼 식사를 제공한다. 물론 행사 중에는 호텔 대표와 총지배인이 직접 나와 부모님께 자녀들을 잘 보살피겠다고 약속을 한다. 자신의 부모까지 초대해서 회사를 알리고 대표가 직접 나와 인사를 하는 이런 호텔에 직원들은 어떤 마음을 가질까? 이는 자신이 왕으로 대접받고 있다는 생각을 가지게 하고, 왕은 고객들에게 보다 나은 서비스를 제공하려 노력을 할 것이다.

직원을 왕으로 모시는 호텔이 진정한 서비스의 가치를 아는 호텔이며, 이러한 호텔만이 어려운 여건 속에서도 더욱 성장할 수 있는 호텔이다.

오늘도 필자는 고객과 함께 진정한 호텔의 왕인 직원들을 소중히 모시고 있다.

화장실이 청결한 호텔

지인과 약속이 있으면 대체로 약속장소를 가까운 호텔로 정한다. 호텔은 대부분의 사람들이 공통적으로 알 수 있는 장소이며, 설령 모르는 사람이라도 찾기가 매우 편리한 위치에 있어 만남을 위한 장소로는 최적의 장소이다. 그래서 애매한 위치나 마땅히 만날 수 있는 장소를 찾지 못하면, 가까운 호텔에서 만나자고 제안을 한다. 그리고 약속시간보다 10분 먼저 도착하고 난 뒤에는 반드시 그 호텔의 화장실을 찾는다. 물론 볼일이 있어 가는 경우도 있지만, 직업상 항상 호텔 시설들을 점거하는 습관이 있어 타 호텔을 방문하더라도 자연스럽게 방문한 호텔의 구석구석을 살피게 된다. 이러한 필자의 행동을 보고는 아내가 왜 남의 호텔을 그리 유심히 살피냐며 핀잔을 주기도 하지만, 어느 사이 필자의 발걸음은 자연스럽게 화장실을 향한다.

고객들이 호텔의 위생 상태를 평가하기란 쉽지 않다. 그러나 의외로 간단한 방법이 있다. 평가호텔의 화장실, 그것도 공용화장실을 가보면 된다. 호텔의 화장실 청결도를 보면 그 호텔의 위생 수준이나 운영 상태를 정확히 판가름할 수가 있다. 깨끗한 공용화장실을 방문하면 왠지 기분이 좋아지지만, 위생 상태가 좋지 않은 화장실을 다녀오면 하루종이 기분이 찜찜하고 좋질 않다. 공용화장실이 잘 관리되고 청결을 유지하고 있는 호텔의 경우 대부분 고객이 투숙하는 객실의 청결 상태도 안심해도 된다. 그러나 호텔에서 아무리 세세한 곳까지 청소를 하더라도 분명히 놓치는 부분이 있기 마련이다. 기본적으로 화장실이 깨끗한 호텔의 경우 이러한 실수는 타 호텔에 비해 상대적으로 적을 수밖에 없다. 더욱이 객실 인스펙터를 운영하고 있는 호텔들은 이미 정비된 객실을 다시 한 번 점검하면서 객실의 침구류와 더불어 화장실 청결에 더욱 신경을 쓴다. 이처럼 위생과 청결이 담보되지 않는다면 호텔은 지속적인 운영을 할 수가 없다. 호텔의 위생은 보안과 더불어 호텔의 기본 충족사항 중 하나이다.

우리는 종종 신문지상이나 뉴스를 통해 특급호텔의 위생 상태에 대해 접하게 된다. 특히 화장실 변기와 화장실에서 사용하는 고객용 컵에 대한 좋지 않은 뉴스를 접하기도 한다. 이러한 위생 문제는 근본적으로 청소를 하는 직원들의 위생에 대한 의식수준, 그리고 호텔을 운영하는 관리자의 운영 방법에 따라 호텔의 청결 수준이 결정된다. 관리자가 디테일한 곳까지 일일이 체크를 하고 관심을 갖다보면 자연스럽게 호텔의 위생과 위생을 담당하는 직원들이 열심히 할 수밖에 없다. 그러나 운영을 하는 주체가 아무런 관심도 없이 관리를 하지 않는다면, 호텔의 위생은 금방 떨어지게 되고 그것은 고스란히 고객에게 피해로 갈 수밖에 없다.

또 다른 문제점은 청소를 담당하는 룸 메이드의 위생에 대한 의식수준에 따라 청소상태가 좌우된다는 것이다. 퇴실한 고객이 사용한 객실을 룸 메이드들이 다음 입실할 고객을 위해 객실 및 비품 그리고 객실 내 화장실까지 구석구석을 청소한다.

5성급 호텔의 경우 한명의 직원이 청소하는 객실 수는 보통 11객실에서 13객실이지만(시간당 1.37객실 청소), 비즈니스급의 경우는 최소 15개 이상의 객실을 청소한다. 점심시간을 제외한다면 시간당 1.87개의 객실을 청소해야만 한다. 한 객실을 청소하는데 30분 정도의 짧은 시간 안에 내 집처럼 깨끗이 정리하기란 쉽지가 않다. 자연히 청소를 하는 룸메이드들의 위생 수준에 따라 청소의 가감이 이루어질 수밖에 없다. 이처럼 직원의 위생 수준이 높다면 짧은 시간이라도 주어진 여건에서 최선의 위생 상태로 청소를 하겠지만, 대부분의 호텔에서는 위생에 대한 허점이 나타날 수밖에 없다. 그러나 한 가지 확실한 점은 호텔 화장실의 위생 상태는 그 호텔의 전체적인 위생 상태나 서비스를 평가할 수 있는 바로미터 역할을 하며, 직원이나 호텔 관리자들이 바쁘다는 핑계로 소홀히 해도 되는 선택의 상황이 아닌 양보하지 말아야 할 필수상황으로 매우 중요한 업무이다.

직원의 유니폼이 청결한 호텔

사람들은 자신의 옷을 통해 자신의 직업과 신분을 표시한다. 군인은 군복을 통해 자신의 계급과 소속, 이름을 알리기도 하고, 경찰은 제복을 통해 자신이 경찰임을 알린다. 거리를 지나다가 마주친 항공승무원을 보면 그들이 어떤 항공사에 근무하고 있는지를 알 수가 있다.

이처럼 유니폼은 입은 사람의 직업과 신분을 일반사람들에게 알리기도 한다. 그래서 일부 직군에서 입는 유니폼은 자신들을 정확하게 알릴 수 있도록 특화된 다양한 디자인과 색을 넣어 제작을 한다. 국가와 국가의 친선 체육경기에서도 유니폼은 자신들의 존재를 더욱 강렬하게 알리기 위해 제작된다. 유니폼만 봐도 어떤 경기의 선수인지, 심지어 어떤 국가의 선수인지를 알 수가 있다.

축구강국 독일의 유니폼은 흰색과 검정색으로 이루어진 유니폼으로 유명하다. 독일 국가대표팀은 백색 상의와 검정색 하의로 구성된 유니폼을 입는다. 처음부터 독일 축구 국가대표의 유니폼이 현재의 디자인과 색을 사용한 것은 아니다. 많은 경기에서 그들은 검정색, 적색, 붉은색 등을 사용하였으나, 수많은 디자인과 색을 변형하며 지금의 유니폼으로 정착되었다.

이처럼 국가도 그들의 유니폼을 정하여 그들만의 이미지를 심고 있다. 이제는 경기에 참가한 선수들의 유니폼만 보아도 그들이 어느 나라 선수인지를 알 수가 있다.

비단 축구선수들의 유니폼뿐만이 아니라 죄수복, 승무원복, 군복, 법관, 학생, 조종사, 항해사, 간호사, 의사 등은 유니폼을 통해 그들의 신분을 확실히 구분한다. 그리고 이러한 유니폼은 같은 조직 내의 사람들로 하여금 하나의 동질성을 부여한다. 우리는 유니폼이라는 껍데기를 통해서 우리 자신의 정체성을 가질 수가 있다. 새 학기 대학에 입학한 학생들이 동아리 티나 과 티를 입고 단합하는 것도 이러한 이치이다. 이들은 간단한 디자인이나 통일된 디자인의 옷을 통해 하나라는 동질의식을 가질 수 있다.

호텔에서도 다양한 고객들을 맞이하기 위해 비싸지는 않지만 단정한 유니폼을 착용한다. 호텔을 방문하는 고객들이 처음으로 마주하는 것은 로비에 서있는 호텔리어들이다. 이들은 단정하면서도 말끔한 정장차림으로 고객을 맞이한다. 그들을 처음 보는 순간 고객은 그 호텔의 첫인상을 좌우하게 된다. 물론 한두 사람의 호텔리어가 그 호텔의 모든 이미지를 좌우하는 것은 아니지만, 그만큼 유니폼을 입은 호텔리어들은 호텔에 대한 첫인상을 제공하는 중요한 요소임에 틀림이 없다. 지나가는 호텔리어들의 복장 하나하나에서도 그 호텔이 제대로 된 호텔인지를 판단할 수가 있다.

음식을 준비하다가 주방에서 나온 셰프의 옷은 항상 깨끗할 수만은 없지만, 자신의 옷이 지저분한 지도 모른 채 주방에서 입고 있던 더러운 유니폼을 입고 나와 손님을 맞는 셰프의 모습을 보면 그 호텔의 위생 상태와 음식 수준을 판가름 할 수가 있다. 아무리 맛나게 보이는 음식이 나왔다고 하더라도, 음식으로 찌든 셰프의 더러운 유니폼을 보는 순간 포크를 테이블에 내려놓게 된다.

호텔 직원은 항시 청결한 그리고 잘 손질된 유니폼을 입고 고객을 맞이해야 한다. 직원들의 유니폼이 청결하다는 것은 그만큼 호텔이 잘 관리되고 고객을 맞을 준비가 되어있다는 뜻이다. 유니폼은 명찰과 더불어 고객에게 자신을 알리는 유일한 수단이기도 하다. 이러한 유니폼이 지닌 호텔의 상징성과 직원들의 사기진작의 의미는 잊고, 일부 호텔에서는 유니폼에 신경을 쓰지 않고 그저 구색 갖추는 형식으로 직원들에게 유니폼을 제공하기도 하지만, 대부분의 호텔에서는 유니폼을 호텔 이미지에 맞게 디자인하여 특별히 제작한다. 이러한 유니폼은 호텔리어 자신을 돋보이게 하고 몸과 마음가짐을 올바르게 한다. 그래서 어떤 옷을 입고 있느냐에 따라 자신감이 생겨나고 행동이 달라지게 된다.

비단 직장뿐만이 아니라 새로 유치원에 입학한 유치원생, 그리고 군대에 입대한 군인이나 심지어 군대를 제대한 대한민국의 예비군에게도 조차 이러한 행동이 나타난다. 그들은 그들이 입고 있는 옷이나 물건에 따라 행동이 달라지며, 나이를 잊기도 하고 때로는 전혀 다른 사람이 되어 행동하기도 한다. 군대를 제대하고 일상의 생활을 하던 사회인이 예비군 훈련을 받기위해 옷장에 넣어뒀던 군복을 입는 순간 그 사람은 전혀 다른 세상의 사람이 된다. 나이든 아저씨는 온데간데없고 혈기왕성한 20대의 청년으로 되돌아가 활동 범위가 넓어져 평소에 하지 않던 행동까지도 하게 된다.

이렇듯 유니폼은 사람을 변화시키고 다른 사람을 달리 보게 하는 재주를 가지고 있다.

미국의 심리학자는 이러한 유니폼에 대해 다음과 같은 연구를 했다. 남부 브르타뉴 대학의 니콜라스 게겐은, 일반 남자들에게 평소의 복장과 또는 소방관들이 입는 제복을 입게 하고 지나가는 여성들에게 데이트 신청을 하게 했다. 200명의 여성들에게 데이트를 신청한 결과, 일반 복장을 입고 데이트 신청을 한 쪽과, 소방관 제복을 입고 데이트 신청을 한 쪽의 응답률을 비교했는데, 일반 복장의 성공률은 8%인 반면, 소방 제복을 입은 쪽의 성공률은 22%나 되었다고 한다. 이렇듯 유니폼은 그 사람을 평가하는 기준이 될 수 있으며 사람을 변화시킬 수 있고 그 집단을 평가하는 기준이 되기도 한다.

잘나가는 호텔들이 직원들의 유니폼에 신경을 쓰는 이유는 여기에 있다. 독종호텔이 되기 위해서라도 회사는 직원들이 유니폼을 통해 소속감과 책임감을 느낄 수 있게 항시 신경을 써야만 한다.

고객이 참여하는 호텔

"우리가 남이가!"

참 좋은 문구이다. 얼핏 듣기에는 지역성이 강한 말이라 지역감정을 조장한다고 하여 사용에 거부감을 갖는 이도 있지만, 개인적으로는 참 좋아하는 문구이다.

직장생활을 하면서 직원들과 회식자리에서 팀의 단합을 위해 "우리가 남이가!"라는 표현을 사용하기도 한다. 이 문구대로라면 우리는 결코 남이 아니다. 우리는 동료이자 형제이고 우리는 가족이다. 그래서 서로를 의지하며 힘들거나 즐거울 때 함께하자고 한다. 슬플 때는 함께 울어주고, 즐거울 때에는 함께 웃어주며, 어려운 업무는 밤을 새워가며 함께 해결해 나간다. 개인을 칭하는 정 없는 의미의 '나'보다는 함께한다는 의미의 '우리'라는 표현이 정겹지 않은가? 그래서 '우리가 남이가'라는 표현을 '함께하면 좋다.'라는 표현으로 바꾸고 싶다.

함께하면 뭐든지 할 수가 있다. 함께하면 먼 거리의 여정도 짧게 느껴지고, 함께하면 힘든 일도 쉽게 느껴진다. 함께하면 외롭지도 않고, 함께하면 무섭지도 않고, 함께하면 풀리지 않던 일도 술술 풀리게 된다.

직장생활을 하면서 느낀 점은 이처럼 업무는 '나'가 아닌 '우리'가 함께 해야 된다는 것이다. 직장에서 주어진 업무를 추진하기 위해서는 최소한 자기 자신과 주위 사람들이 동참하지 않는다면 결코 성공할 수가 없다. 조직생활은 그만큼 개인의 능력보다는 다수의 참여를 바탕으로 모두가 동참해야 보다 좋은 성과를 이끌어 낼 수가 있다. 그래서 우리는 알지 못하는 사이에 초등학교에서부터 대학, 심지어 군대에 이르기까지 타인과 업무를 함께 해결하기 위해 협동과 단합이라는 교육을 받아왔다. 그래서인지 우리는 업무를 혼자 하기보다는 함께 하는데 익숙해져 있고, 기업들도 회사의 업무를 추진함에 부서와 부서, 개인과 개인을 함께 참여시켜 업무를 추진하고 있다. 이러한 참여는 업무의 능률뿐만 아니라 성과에도 영향을 미치게 된다.

아웃도어의 경우 다수의 참여를 통해 신제품을 개발하는 산업으로 유명하다. 다수의 고객들이 사용을 하는 제품특성상 업체는 필수적으로 고객의 의견을 반영하여 상품을 구성한다. 고객은 제품을 사용한 후 물건의 불편한 점과 개선할 점 등을 회사에 전달하고, 회사의 마케팅 부서에서는 고객의 의견을 받아 제품 구성을 달리하여 새 제품을 만들어 출시한다. 최근에는 이처럼 고객이 회사의 상품제작에 직·간접적으로 함께 참여하는 경향이 늘고 있다. 이러한 마케팅 전략은 고객은 불편한 점을 개선하는 아이디어를 회사에 제공하고, 회사는 현장의 의견을 토대로 하여 제품을 출시해 시장에서의 상품이 갖는 오류에 대한 적응시간을 절약하고 제품을 빠른 시간 내에 소비자 속으로 깊숙이 파고들 수 있게 한다. 또한 이 방법은 회사의 매출이 덩달아 오르는 효과까지도 제공한다.

강릉에 있는 씨마크 호텔은 이러한 마케팅을 진행하고 있는 호텔이다. 마케팅 부서의 김정수 팀장은 고객이 제시하는 의견을 패키지 상품 구성에 적극적으로 반영하여 구성한다고 한다. 기존의 일방적으로 팀 간 미팅을 통해 구성한 객실 패키지를, 이제는 고객이 제시한 의견을 적극 반영하여 출시한다고 한다.

우리가 자주 이용하는 스타벅스도 고객의 의견을 적극 반영하여 상품을 출시한다. 스타벅스에서 차를 마시는 고객들은 세계 어디를 가더라도 동일한 맛의 커피를 원한다. 그러나 커피는 만드는 직원의 제조 능력, 근무 환경, 심지어 그날의 컨디션에 의해서도 변하게 된다. 그래서 스타벅스에서는 컵에 눈금을 그려 넣어 제조의 표준화를 만들었다. 이렇듯 제품이나 작업은 고객들의 아이디어와 의견을 상품개발에 반영하여 상품을 만들고 출시한다.

이렇게 현장에 있는 고객들이 참여하여 만든 상품은 그만큼 실수를 반복하지 않아 판매율이 높아진다. 구멍가게가 아닌 이상 호텔에서 판매하고자 하는 상품은 많은 사람들의 아이디어를 모아 판매할 때 더욱 상품가치가 높아져 고객들에게 호응을 얻을 수 있다. 점차 기업의 마케팅도 일방통행이 아닌 쌍방향 마케팅으로 변해가고 있다. 변화에 민감한 산업의 경우, 고객의 의견을 회사의 상품 방향성에 맞추어 진행하는 기업들이 증가하고 성장하고 있다.

상품구성 초기에 소비자를 동참시키지는 않지만 출시된 상품 자체를 미완의 상태로 출시하여 마지막 단계에 고객을 참여시키는 기업도 있다. 네덜란드에 본사를 두고 있는 스웨덴의 가구제조 기업인 '이케아'는 철저하게 고객의 참여를 유도하여 상품을 만드는 특이한 마케팅을 활용하고 있는 글로벌 기업이다. 99%의 반제품으로 출고된 가구제품은 이케아에서 만들지만, 마지막 1%는 고객이 직접 운반조립 단계를 통해 완성시켜야만 완제품이 될 수 있다. 고객은 조립할 수 있는 가구를 구매하여 설명서를 보고 나사를 직접 돌리고 조이는 일을 통해서 DIY 제품을 완성한다. 소비자인 고객은 조립이라는 일을 직접 해야만 하지만, 이러한 일을 통해서 고객들은 가구를 완성할 때 느끼는 만족감을 느낄 수가 있다. 고객들은 1%의 번거로움을 마다하지 않고 수행한다.

고객의 참여는 곧 경험이 되고 경험은 만족감을 얻는다. 그리고 그 만족감은 하나의 상품을 성공으로 이끈다. 그렇기 때문에 고객을 동참시키는 일이 중요하다. 이제는 고객이 참여하지 않는 상품은 베스트셀러나 스테디셀러가 될 수는 없다. 인적자원을 바탕으로 성장해야 하는 호텔산업은 아웃도어 업체나 이케아보다도 더욱 고객과 소통하고 고객이 참여하는 호텔로 탈바꿈 되어야만 한다. 고객과의 소통이야말로 호텔을 가장 확실하게 지속가능한 기업으로 만들 수 있는 방법이다.

다양한 혈액인자를 가진 호텔

필자의 혈액형은 O형이다. 사람들은 필자의 성격을 A형이나 B형일 확률이 높다고 말한다. 그러나 병원에서 과학적으로 증명된 혈액형은 100% O형이다.

일부사람들은 오래전부터 혈액형을 그 사람의 성격을 평가하는 기준으로 사용해 왔다. 실제로 사람을 경험하고 평가하기보다는, 단순히 혈액형을 가지고 비과학적인 판단을 한다. 혈액형은 위급 시에 수혈을 위해 필요하기도 하고, 병원에서 갓 태어난 아기가 바뀌지 않게 하기 위한 방법으로도 사용된다. 그리고 예전에는 면접장에서 직원채용여부를 판단하기 위해 혈액형을 사용하기도 했다.

직원을 채용하는데 왜 혈액형이 필요할까? 혈액형에는 사람들이 독특한 성격을 지니고 있다고 판단하여 채용에 있어서도 혈액형을 기준으로 삼기도 했다. 기획파트의 사람을 뽑을 경우에는 꼼꼼하고 머리가 좋은 A형 인재를, 영업직을 뽑을 때는 외향적인 성격을 소유한 O형 인재를 채용하기도 했다. 그러나 이러한 혈액형에 따라 사람의 성격을 구분 짓고 채용에 참고하는 것은 일부 혈액형을 가진 사람들에게는 모욕감을 주기도 한다.

미국의 한 매체는 혈액형에 남다른 관심을 가진 한국인들을 보고 "혈액형에 한국인들의 특이한 집착"이란 기사를 올린 적이 있다. 다른 나라와 달리 유독 한국 사람들은 혈액형에 민감하다고 지적하고 있다. 한국의 경우 초등학생들조차 자신의 혈액형을 잘 알고 있으며 이러한 혈액형에 관한 집착을 보이는 한국 사람들을 보고 미국인들은 이상하게 생각한다고 한다. 그렇다면 정말로 혈액형이 사람을 판단하는데 기준이 될 정도로 정확한가?

한국갤럽 조사에 의하면, 한국 사람들은 혈액형에 의해 성격이 다르다고 믿는다고 한다. 한국갤럽은 성인남녀 1,500명을 대상으로 설문조사를 한 결과, 응답자의 과반수가 넘는 58%의 사람들이 혈액형에 따라 사람의 성격이 다르다는 답변을 했다. 그만큼 한국 사람들은 사람의 만남에 있어 아직까지 혈액형을 중요시하고 있다는 증거이다. 그래서 일부 사람들은 직장을 구하는 구직활동이나 직장 내 부서를 배정하는 일, 심지어 인생의 반려자를 구하는 경우에도 상대방의 혈액형과 자신의 혈액형이 궁합을 이룰 수 있는지를 보기도 한다. 물론 재미로 보는 경우이지만, 그래도 혈액형이 서로 잘 맞지 않는 상대방을 구하는 것보다는, 될 수 있으면 혈액형 궁합이 잘 맞는 상대를 만나기를 원한다. 공교롭게도 아직까지 과학적으로 혈액형과 성격의 연관 관계도 밝혀진 것이 없다.

한국과 달리 일본은 혈액형에 조금은 덜 민감하다. 한국처럼 면접이나 부서 배속 시 혈액형을 근거로 하지 않는다. 어느 기업에서는 직원을 채용하는 방법으로 한국의 혈액형이 아닌 다소 특이한 방법을 사용하는 곳도 있다. 이 기업은 직원 채용 시 지원자들과 함께 식사를 한다. 면접에서 식사는 상호간에 부담스러운 일이지만, 이 회사는 가급적이면 면접을 식사 시간에 잡아 지원자들과 식사를 함께 한다. 그리고 지원자 중 식사를 빨리 한 사람을 채용한다. 식사를 빨리 하는 사람이 그만큼 민첩하게 업무를 잘할 수 있다는 생각에서 식사를 미적대는 사람보다는 식사를 빨리 할 수 있는 사람을 채용한다고 한다. 이렇듯 직원을 판단하여 채용하는 방법은 다양하다.

호텔에서는 어떠한 혈액인자를 가진 직원을 채용해야 하나? 호텔은 다양한 성격, 다양한 취향을 가진 불특정 고객들이 방문한다. 이들에게 만족할 수 있는 서비스를 제공하기란 쉽지가 않다. 그렇다고 필자가 입사를 하던 시절처럼 혈액형만을 보고 직원을 채용할 수도 없다. 다양한 사람들을 응대하기 위해서는 특정 혈액형 인자를 가진 경직된 직원보다는, 두리둥실 고객들에게 서비스 할 수 있는 원만한 성격의 직원이 필요하다. 즉 호텔에서의 필요 인재는 어느 특정한 혈액인자를 가진 사람이 아닌, 모든 사람들과 함께 맞춰 갈 수 있는 다양한 혈액인자를 가진 인재가 필요하지 않을까?

이처럼 호텔에서는 백인백색의 성격을 가진 고객들을 대하기 위해서는 다양한 고객을 상대할 무난한 직원들이 요구된다. 아마도 대부분의 호텔리어들의 혈액은 특정한 혈액인자의 특성을 지니기보다 다양한 특성을 함께 지니고 있을지도 모른다.

골리앗을 이긴 작고 영리한 다윗

사람들은 덩치가 큰 친구들이 힘도 세고 싸움을 잘한다고 생각한다. 그러나 막상 싸움이 시작되면 항상 큰 키와 덩치를 가진 사람이 이기지는 않는다. 때로는 작지만 날래고 영리한 사람이 이기기도 한다.

『성경』에 다윗과 골리앗의 싸움에 관한 이야기가 있다. 다윗은 힘없고 작은 체구를 가진 양치기 소년이다. 그러나 다윗의 싸움 상대인 골리앗은 다윗과 달리 크고 무시무시한 힘과 무기를 가진 전사였다. 그리고 골리앗은 집에서 양을 치는 다윗과 달리, 실전 전투경험이 풍부한 군인이었다.

골리앗과 같이 거대한 체구를 소유하고 전장에서도 수많은 전투경험을 쌓아 온 노련한 전사를 양치는 작은 소년 다윗이 이기리라고는 그 어느 누구도 생각하지 못했지만, 다윗은 모든 사람들의 예상을 깨고 당당히 싸움에 나서 골리앗을 한방에 쓰러트렸다. 그것도 양을 칠 때 곰과 사자를 쫓아내던 돌팔매질로 골리앗을 쓰러트렸다. 그리고 이 전투로 인해 수적으로 많은 병력을 가진 적들은 다윗의 군대를 얕잡아보지 못하고 전장에서 쫓겨나는 신세가 되었다.

다윗과 골리앗의 싸움에서 보았듯이, 반드시 크고 강한 무기를 가진 군대가 작고 힘없는 군대를 이기는 것만은 아니다. 다윗은 자신의 몸집보다 크고 실전 경험도 풍부한 골리앗을 상대로 싸움을 했다. 그리고 싸움이 시작되자, 동작이 느린 골리앗의 약점을 이용해 일격에 골리앗을 제압했다. 마치 기적과 같은 결과를 가져왔다. 일반적인 상식이라면 이러한 싸움은 아예 생각조차 못했을 것이다. 빈틈을 노린 다윗은 골리앗의 약점을 파악하고 그 틈새를 찾아 보란 듯이 그를 제압하는 데에 성공을 했다.

동양에도 다윗과 골리앗의 싸움과 같이 세계사에 기록되는 전투가 있다. 이 전투 역시 몸집이 크고 강한 무기를 가진 힘 센 상대가, 규모는 작지만 지략과 일사불란한 행동으로 싸움에 임하는 작은 상대에게 패하는 전투이다. 이 전투가 바로 세계 해전사에 남아있는 임진왜란 당시의 '명량해전'이다. 이 싸움은 객관적 전력상 수적 우위에 있는 일본 수군의 승리를 장담할 수밖에 없는 싸움이었다. 당시 조선 수군은 패전으로 인해 함선의 대부분을 잃고 정비되지 않은 13척의 배만을 가지고 있었다. 반면, 일본은 300척이나 되는 대규모 전투선이 있어 누가 보더라도 이 전투에서 조선수군이 이긴다는 것은 불가능하였다. 아무리 지략에 뛰어난 이순신 장군이라도 단 13척의 소규모 함선으로 파상공세로 공격하는 일본의 수군을 막아낼 방법은 어디에도 없었다. 그러나 열악한 조선수군을 얕잡아본 일본수군은 전쟁에 참여한 130여척 중 30척이 완파되어 퇴각하게 되었다. 명량해전의 대승으로 인해 조선수군은 노량해전에서도 승기를 잡아 결국에는 정유재란을 끝낼 수 있게 되었다.

소규모의 군대가 이처럼 대승을 이끌 수 있었던 이유는 무엇일까? 무엇보다도 이순신 장군의 탁월한 지략 덕분이다. 이순신 장군은 명량의 지형과 조류의 흐름을 시간에 맞게 파악하여 전쟁에 활용하였다. 또한 이순신 장군의 지략과 함께 잘 정비된 조선수군의 역할도 한 몫 하였다.

호텔 업계에서도 다윗과 골리앗의 싸움이 일어나고 있다. 두 싸움에서 보았듯이, 경제원리도 반드시 거대자본이 승리하지만은 않는다. 대형자본을 가지고 파죽지세로 브랜드를 확장하고 있는 수많은 브랜드 호텔들이 줄지어 오픈하고 있다. 천 년 전의 양치기 소년인 다윗이 이와 같은 호텔들의 싸움을 보았다면, 아마도 다윗조차도 그 규모와 힘에 눌려 싸움을 포기하고 말았을 것이다. 지금의 싸움은 마치 작고 힘없는 다윗과, 크고 막강한 힘을 가진 골리앗의 싸움 상황과 유사하다. 실전에서 전투 노하우를 쌓고 최신 무기로 무장한 대형 호텔들이 오픈하며 작고 초라한 호텔들의 영토를 침범하여 점령하고 있다.

작은 호텔들에게는 다윗에게 주어졌던 돌팔매 무기조차도 주어지지 않았다. 작은 호텔들이 거대한 호텔들과 맞서 싸워 이길 수 있는 방법은 오직 그들의 빈틈을 파악하고 느린 약점을 이용하여 적시에 무기를 빼서 휘두르는 방법밖에 없다. 그것도 단 한 번의 기회만이 주어진다. 만약 실패한다면 거대 자본을 가진 골리앗 호텔들에게 모든 것을 빼앗길 수 있다. 그러나 거대 자본을 가지고 막강한 힘을 휘두르는 골리앗의 호텔들은 작은 벼룩을 잡아먹을 수는 있지만, 발 빠르고 영민한 다윗의 호텔들은 잡아먹을 수가 없다.

이제 한국 호텔들도 거대 기업인 골리앗에 맞서 착실히 싸움을 준비한다면 얼마든지 승리한 다윗이 될 수가 있다. 작다고 무조건 싸움에서 패하지는 않는다. 작더라도 빠르고 영리하다면 다윗처럼 승리할 수 있다. 승리한 다윗이 될 것인가, 아니면 패배한 골리앗이 될 것인가는 전적으로 우리의 마음가짐과 행동에 달려있다. 미래는 다윗과 같이 작고 영리한 준비된 호텔들만이 살아남는다.

가지치기를 제대로 하는 호텔

회색빛의 높은 빌딩으로 에워 쌓인 도심을 떠나 초록빛으로 물든 한적한 시골길을 달리다보면, 산만했던 마음은 어느새 푸근해지고 안정을 찾게 된다.

한적한 6월의 어느 날, 도심생활을 정리하고 일찍 귀촌한 지인의 집을 방문했다. 직장생활 중에도 자녀가 성장한 후에는 귀촌을 하리라는 말을 입버릇처럼 하던 지인은, 수십 년을 생활하던 도시생활을 정리하고 오랫동안 꿈꿔왔던 전원생활을 하게 된 것에 매우 만족하고 있었다. 그러나 한편으로는 전원생활이 모두 즐거운 것만은 아니라고 한다. 전원생활을 한다는 것은 도심에서 누리던 기존의 편리함이나 문화적 혜택을 일부는 포기해야만 한다고 말했다. 얻는 것이 있다면 그만큼 잃는 것도 있고 전원생활에서의 불편함도 감수해야 한다고 한다.

여유롭게 정원 구경을 시켜주며 귀촌 초기에 식수한 정원수와 유실수를 정성스럽게 가지치기하는 지인의 모습은 마냥 부럽기까지 했다. '언제부터 준비해야 하나?' 다시 한 번 부러움과 함께 필자도 귀촌의 꿈에 움찔거렸다. 지인은 필자가 듣든 말든 계속해서 시골생활을 설명해가며 나무의 가지치기에만 열중이다.

나무에게 꼭 필요한 가지치기는 정원수나 과수성장을 돕는다. 필자도 처음에는 쑥쑥 자란 가지들이 아깝다고 가지치기를 하지 못했는데, 나무가 제대로 햇빛을 받질 못하면 공기가 통하지 않게 되어 제대로 성장하질 못한다. 그래서 어느 정도 가지들이 자라면 보다 많은 과실이 열릴 수 있도록 일 년에 한 번씩 불필요한 곁가지를 잘라주는 작업을 해야 한다. 이렇게 잘려나가는 과수나무의 가지를 보고 있으면 나무들이 불쌍하기도 하고, 힘들게 자란 가지를 잘라내는 것이 부담스럽기도 하다. 이처럼 가지치기를 해주면 불필요한 가지들로 인해 제대로 성장하지 못했던 본가지들이 더욱 성장할 수 있고 튼튼한 과실을 맺게 된다.

그러나 가지치기를 무조건 자주 하거나 성장을 해야 하는 본 가지를 잘못 잘랐다가는 나무의 수형은 물론 성장에까지 영향을 미치기 때문에, 가지치기는 조심스럽게 나무의 종류와 시기를 달리해야 한다. 조경수로 집안에 심는 진달래나 목련, 연산홍 등의 봄꽃을 피우는 나무는 꽃이 진 이후에 가지치기를 해주며, 가을에 빨갛게 물드는 단풍나무나 노란색으로 온 세상을 물들게 하는 은행나무는 9월부터 가을 사이에 가지치기를 한다.

이처럼 필자가 귀촌한 농부도 아닌데 가지치기에 관해 장황하게 늘어놓는 이유는, 직장생활 특히 호텔의 조직을 이끌다보면 나무와 같은 가지치기를 제대로 진행해야 한다. 특히 전적으로 사람에 의해 서비스를 제공하는 호텔업에서는 이러한 상황에 민감할 수밖에 없다. 가지치기라는 표현이 다소 직설적이고 거슬릴 수 있는 표현일 수도 있지만, 필자가 말하는 조직에서의 가지치기는 인적인 축소가 아닌 조직의 변화를 이야기한다. 호텔들은 시장의 변화에 따라 중복된 조직이 통합되기도 하고, 필요한 조직이 새롭게 신설되기도 한다. 이는 기존의 인력을 좀 더 효율적으로 운영할 수도 있으며 새로운 조직을 만듦으로써 새롭게 인력을 보강할 수도 있다. 그러나 일부 호텔들은 변화하는 흐름에 호흡을 맞추지 못하고 기존의 조직을 그대로 유지하거나 단순히 조직의 축소와 함께 인력 감축을 진행하고 있다. 이처럼 인력 감축에 맞춘 조직 변화는 당장은 효과가 나타날 수는 있겠지만, 장기적인 측면에서는 성장을 해야 하는 본조직과 함께 너무 많은 부서를 쳐냄으로써 조직이 고사하는 과오를 범하게 된다. 또한 무리한 외주화로 인해 노사갈등은 물론 고객서비스까지 영향을 준다.

기존 5성급 호텔의 경우는 기본 3개 이상의 레스토랑을 직영으로 운영했다. 그러나 최근에는 외부업장의 성장으로 특별한 이벤트나 중요한 비즈니스가 아니면 호텔을 찾는 사람들이 줄어들었다. 그만큼 호텔의 식음영업에 손실이 올 수밖에 없다. 그래서 5성급인 특급호텔들조차도 그동안 직영으로 운영하던 내부 업장을 외주화 하려는 움직임을 보이고 있다. 한 예로, 서울 시내에 있는 가든호텔과 더 플라자호텔은 조직을 슬림화한 대표적인 호텔이다. 이들은 기존에 가지고 있던 레스토랑을 과감히 정리하고 조직을 객실 위주로 슬림화하여 운영하고 있다. 제대로 관리되지 않거나 역할이 줄어든 부서를 통합하여 운영하거나 외주로 변경함으로써 문제점을 개선하려 하고 있다. 이러한 과정은 최근 코로나와 일시적인 호텔 공급과잉 현상으로 고전하고 있는 호텔들이 생존할 수 있는 방법임에는 틀림이 없지만, 장기적인 영업을 하며 미래를 준비해야 하는 호텔의 입장에서는 결코 도움이 되질 않는다.

가지치기는 비전문가가 즉흥적으로 시도 때도 없이 하는 것이 아닌, 호텔의 노사가 합의하여 제대로 된 시기와 도려낼 부위를 정확히 파악한 후 나무나 열매의 생육에 따라 상황에 맞게 조정해야만 성공할 수 있다. 가장 중요한 것은 가지치기는 사람을 정리하는 것이 아니라, 인력을 효율적으로 쓸 수 있게 하는 조직의 변화 차원에서 진행해야만 성공할 수 있다.

무인화된 호텔

처음 한국을 방문한 외국인들은 한국의 무인판매대와 무인점포를 보고 놀라워한다. 무인점포에는 관리하는 사람이 아무도 없는데도 사람들이 물건을 구매하고 정해진 가격의 비용을 놓고 가거나, 자신이 직접 셀프 계산대에서 계산을 한다. 시스템이 가장 발달되었다는 미국조차도 무인시스템이 제대로 운영되질 않고 있는데, 한국에는 벌써 이러한 시스템들이 자연스럽게 운영되고 있다는 것에 신기해한다. 더욱 놀라워하는 것은 이 무인점포에는 직원이 없는데도 항상 깨끗하게 관리되고 있다는 점이다. 심지어 어떤 외국인은 한국에서 화장실을 가기위해 자신의 핸드폰이나 지갑을 그대로 두고 다녀와도 어느 누구도 그 물건에 손대지 않는 것을 보고 더 놀랐다고 한다.

이러한 무인점포는 한국인들의 정직함과 문화의식, 그리고 발달된 세계 제일의 IT 기술이 있기에 가능하다. 아무리 기술이 발달하여 무인점포를 운영한다고 해서 모든 점포들이 한국의 무인점포처럼 문제없이 그리고 청결하게 관리되질 않는다. 정말로 놀라지 않을 수 없는 일이다. 세계 제일의 IT기술도 기술이지만 그만큼 한국인들의 문화의식에 놀라지 않을 수 없다. 이제 한국도 사람의 역할이 줄어드는 이러한 무인점포나 무인판매대의 증가는 대세적인 추세임에 틀림이 없어 기업은 부족한 인력을 대체하거나 과도한 인건비 상승으로 인해 경영상의 어려움이 발생되는 것을 사전에 막기 위해 점차 생산, 판매의 모든 과정을 자동화, 무인화 시스템으로 교체하려 하고 있다.

어느 신문사에서 조사한 무인편의점에 대한 기사내용에 의하면, 점차 무인화된 점포가 빠른 속도로 우리 생활에 파고들고 있으며 최근 2년 사이 무인점포는 700여개를 넘어섰다고 한다. 이는 하루에 한 개 꼴로 무인점포가 생겨난 것과 같은 수치이다. 지금 한국에서는 이러한 무인점포가 점차 다양한 업종에까지 퍼지고 있다. 요즘 1인 1가구와 맞벌이 부부를 위한 셀프 빨래방도 이러한 무인점포 중 하나다. 이 점포는 달라진 소비 트렌드에 맞춰 운영자가 직원을 쓰지 않음으로써 인건비에 대한 부담을 덜고 운영할 수 있게 시스템적으로 최적화하였다.

이밖에도 우리가 늘 접하는 주유소의 경우도 빠르게 무인화 되어가고 있다. 이제는 주유를 하기 위해 직원을 기다리는 주유소보다는, 운전자가 차에서 내려 직접 주유를 하고 주유한 액수만큼 계산을 셀프로 하는 주유소가 대세가 된지 오래다. 외국도 한국처럼 이러한 무인마켓이 점차 늘어나고 있지만, 아직까지는 사람이 직접 서비스를 해주고 계산까지 해주는 일반적인 점포가 보편적으로 운영되고 있다.

호텔업계도 무인화 상황은 비슷하다. 한국의 호텔을 방문해 보면 이미 이러한 자동화된 무인서비스가 보편화되고 있다. 점차 사람을 줄이고 일부 관리자만 아침 · 저녁으로 나와 기계를 점검하는 시스템으로 바뀌고 있다. 체크인과 체크아웃도 고객이 직접 하는 셀프기계로 대체되고 있다. 청소를 제외하고는 더 이상의 인적 서비스를 제공하지 않는 비즈니스 호텔들이 생겨나고 있기 때문에, 기존의 호텔처럼 사람을 많이 고용할 필요가 없어졌다. 설령 레스토랑과 같은 업장이 있더라도 오더는 직원이 받고, 서빙은 음식을 나르는 로봇이 직원을 대신하여 분주히 움직인다.

이처럼 앞으로의 호텔은 자동화와 결합된 무인호텔, 자동화된 호텔들이 더욱 증가할 추세이다. 그리고 필요한 서비스는 모두 외주화하여 호텔 로비에는 직원이 존재하지 않는 호텔 아닌 호텔로 변화할 것이다. 고객들은 호텔리어가 없는 무인화된 호텔에서 더 이상 사람에 의한 전통적인 호텔서비스를 받을 수 없게 된다. 얼마 지나지 않아 호텔은 인적서비스를 하는 전통적인 호텔과, 인력을 전혀 채용하지 않는 자동화, 무인화된 호텔로 구분되어 운영될 것이며 고객들은 자신의 서비스 성향과 자신의 비용에 맞춰 호텔을 선택해야만 한다. 이것은 비단 상상 속 미래의 호텔 모습이 아닌 곧 다가올 우리 호텔업계의 현실이다.

* 무인화된 호텔에 대해서는 '제4장 호텔의 본질을 묻다'에서 다시 한 번 다루고자 한다.

제 3 장

쪽박 차는 호텔 (살아남지 못하는 호텔)

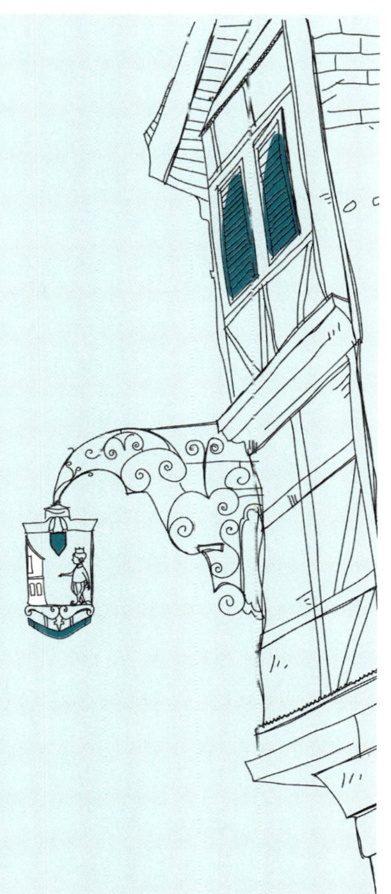

독 종 호 텔 이 살 아 남 는 다

어렸을 적 필자 아버지의 직업은 수학선생님이셨다. 덕분에 중학교와 고등학교까지 아버지가 직접 수학을 가르쳐 주셨다. 그러나 항상 수학성적은 바닥권에서 머물렀다. 이해력이 부족한 것도 있지만 궁금증이 너무 많아 수학 원리를 알아가는 데만도 무수히 많은 궁금증, 이해가 가지 않는 부분이 많았다. 그러나 점차 그 궁금증을 해소하지 않고 넘기다보니 자연히 수학에 관심이 없어지고 수학을 멀리하게 되었다.

결국에는 수학선생님인 아버지까지 가르침을 포기하는 일까지도 일어났다. 지금은 수학과 관련해서 당시와 같은 스트레스를 받지 않고 있지만, 지금 생각해 보면 필자나 필자의 아버지 모두에게는 엄청난 스트레스였던 것 같다. 학창시절과 달리 직장에서는 특별히 업무를 위해 수학을 배우거나 사용할 일이 많지 않아 스트레스를 받을 일은 상대적으로 적다.

사회에서는 초등학생 정도의 간단한 산수의 마인드는 꼭 필요하다. 어릴적 아버지에게서 배운 고등수학이 아닌, 어린이들이 배우는 간단한 산수와 같은 기초적인 셈이 필요하다. 이 산수는 조직운영에 있어서도 필요하다. 정확히 말하면, 플러스와 곱하기 수학이 아닌 마이너스의 셈이 필요하다.

호텔경영은 생각 외로 아주 간단하다. 최종적으로 당해에 플러스, 즉 이익을 내면 그해의 장사는 성공한 것이다. 그러나 변하는 영업환경에 따라 매년 흑자를 낼 수 없지만 상황에 따라서 마이너스(−), 즉 적자를 내는 해도 발생한다.

흑자를 내기위해 고객들의 주머니에서 조금 더 많은 돈을 빼내기 위해 무리해서 진행하는 플러스와 곱하기 경영은 때로는 손해를 본다. 그러나 조금은 손해를 보더라도 고객과 함께 윈-윈 할 수 있는 마이너스경영을 실행해 보니 오히려 호텔영업은 더욱 잘되기도 한다. 이것이 필자가 터득한 호텔 운영방식이다.

10 더하기 10은 20이다. 10 곱하기 10은 100이다. 더하기와 곱하기는 내 재산을 금방 두 배, 세 배, 열 배로 늘리는 마술과도 같다. 반대로, 나누기(÷)와 빼기(–)는 재산이 늘지 않는다. 늘기보다는 오히려 손해를 본다. 빼기와 나누기는 순간에 재산을 반 토막 내기도 하고 제로(0)에 가깝게 만들기도 한다.

그러나 고객들은 이러한 호텔을 좋아한다. 깍쟁이와 같이 이득을 취하는 호텔보다는, 지금 당장은 손해를 보더라도 진심 어린 마음으로 마이너스를 잘하는 호텔을 좋아한다. 고객들에게 들인 정성의 시간과 마이너스는 결과적으로 곱하기로 계산해서 고객들이 호텔로 되돌려준다. 고객들에게 하나를 내주면 두 개를 얻는다. 악착같이 고객에게 비용을 청구하고 야박하게 덧셈, 곱셈을 강요하면 당장에는 곱절로 이익을 볼 수 있겠지만, 고객들은 마이너스와 나눗셈으로 계산을 한다. 그리고 호텔은 그 다음을 기약할 수는 없다.

호텔 운영은 단거리가 아닌 장거리 게임이기 때문에 오늘 고객에게 베푸는 것이 당장은 손해가 나겠지만, 내일은 플러스가 되어 돌아온다. 이장에서는 항상 고객들에게 플러스와 곱하기를 해서 살아남지 못하는 쪽박 차는 호텔에 관해 이야기를 하고자 한다.

고객들은 직원보다 덧셈과 뺄셈을 잘하는 영리한 수학자이다.

하얀 거짓말을 하지 않는 호텔리어

– 서비스 멘트가 없는 호텔 –

'남을 속인다'는 뜻을 가진 거짓말! 거짓말은 감추고 싶은 진실을 가리기도 하고, 문제점을 수면 아래로 숨겨 진실을 오도하게도 한다. 거짓말로 인해 본인은 이득을 볼 수 있으나, 이로 인해 남에게 손해를 입히거나 다른 사람의 인생을 망치게도 한다. 그래서 우리는 어려서부터 남에게 거짓말을 하지 말라는 교육을 늘 받아왔다.

거짓말은 무조건 나쁜 것이니 하지 말아야 하나? 거짓말에도 좋은 거짓말이 있나? 그러나 거짓말이 모두 나쁜 것만은 아니다. 우리는 일 년에 한 번쯤 만우절(4월 1일)에 친한 친구나 동료에게 장난기 섞인 애교의 거짓말을 한다. 만우절의 거짓말로 인해 한 사람의 인생이 바뀌는 일은 일어나지 않고 오히려 친구의 기분을 좋게 한다. 심지어 서양의 경우 방송매체나 기업체에서까지 만우절에 재치 있는 거짓 기사를 게재하거나 방송을 하여 사람들에게 웃음을 자아내게도 한다. 피사의 사탑이 무너졌다거나, 미국에 있는 자유의 종이 기업체에 판매되었다든가, 심지어 BBC의 방송에서까지 스파게티가 자라는 나무가 있다는 가짜뉴스를 내보내기도 했다.

이처럼 재치 있는 거짓말은 상황에 따라 우울한 사람들에게 힘을 주거나 동료들과의 분위기를 새롭게 하기 때문에, 서양에서는 특정한 날에 이를 허용하기도 한다. 이처럼 거짓말은 장난삼아 하는 애교의 거짓말도 있고, 남을 위해 하는 선의의 거짓말도 있다. 반면에 악의를 가지고 하는 거짓말도 있다.

거짓말을 색으로 표현하면, 만우절에 애교로 하는 거짓말은 노란 거짓말, 그리고 남을 위해 선한 뜻을 가지고 하는 거짓말은 하얀 거짓말, 마지막으로 자신만을 위하거나 남을 해할 목적으로 하는 검고 빨간 거짓말이 있다. 이중 하얀 거짓말은 거짓말이 주는 나쁘다는 인식보다는, 오히려 나와 남에게 도움이 되는 거짓말로 친근하게 느껴진다. 이런 하얀 거짓말은 우리 생활에서 많이 볼 수가 있다. 아주 친하지 않은 상대방이 만나자고 하는데 직접적으로 대놓고 안 된다고 거짓을 말할 수 없을 때이다. 제일 좋은 방법은 솔직하게 이야기하는 것이지만, 상대를 위해서라도 곧이곧대로 표현하기보다는 다른 이유를 대며 약속을 피하는 방법도 있다.

"제가 이번 주에는 중요한 시험이 있어서요."
"제가 다음 주까지 제출해야 될 자료가 있어서 나중에 뵙겠습니다."

성적이 떨어지는 학생에게 "너는 머리가 나쁘구나."라고 이야기를 하면, 아이는 영영 공부에 흥미를 잃고 만다. 그러나 똑같은 상황에도 "너는 머리도 좋고 성격도 좋고 영특한데, 조금만 더 노력하면 어떻겠니?"라고 말하면 아이는 용기를 내어 공부를 열심히 시작한다.

어린 자녀는 자신의 키보다 수십, 수백 배 더 크고 높은 산을 보고 등산을 하기도 전에 절망을 한다. 그래서 등산을 시작하면 어느새 부모는 아이에게 하얀 거짓말을 시작한다. 중간도 못 오르고 지루함을 느끼는 아이에게 "저 언덕만 넘으면 정상이야. 그러니 조금만 참고 가자."라는 하얀 거짓말을 한다. 아이는 부모의 말에 신이 나서 다시 힘을 내어 오르지만, 한참을 올라도 부모가 이야기한 정상은 나오질 않는다. 부모와 아이의 몇 번의 실랑이와 거짓말이 반복되다보면 어느새 멀고 높게만 느껴졌던 정상에 도착한다.

의사는 환자가 완치되기를 바라는 마음에서 쾌유를 위한 거짓말을 하기도 하고, 선생님은 제자들을 위해 하얀 거짓말을 하기도 한다. 의사는 생명의 희망을 놓고 있는 얼마 살지 못하는 말기 암환자에게도 "곧 건강을 회복해서 내년 봄에는 꽃구경을 갈 수 있습니다."라는 거짓말을 한다. 선생님은 실력이 모자라는 학생에게 응원의 거짓말을 한다. 부모는 선물을 받기위해 산타크로스를 기다리는 아이를 실망시켜 주지 않기 위해 졸고 있는 아이 몰래 선물을 주며 "산타가 다녀갔다."고 기쁨의 거짓말을 한다.

이처럼 하얀 거짓말은 때로는 남을 도울 수도, 응원의 메시지가 되기도 한다. 그렇다고 하얀 거짓말은 죄책감 없이 해도 될까? 피노키오는 목수인 할아버지가 나무를 깎아 만든 동화 속에 나오는 거짓말대장 나무인형이다. 동화 속 주인공의 피노키오는 거짓말을 하면 코가 길어진다. 이 나무인형에 요정이 마법을 부려 사람처럼 생각하고 움직이게 하였다. 그래서 할아버지는 피노키오의 거짓말로 인해 수많은 어려움을 겪기도 했다. 이 목각인형이 거짓말을 하면 코가 하늘을 닿을 정도로 점점 길어진다. 그러나 피노키오의 거짓말이 모두 나쁜 것만은 아니었다. 때로는 사람들의 마음을 따뜻하게 하기도 하고, 할아버지를 위한 거짓말도 하였다. 피노키오는 어쩌면 마음이 착한 하얀 거짓말쟁이였을 것이다. 철부지 피노키오가 아무 생각 없이 했던 거짓말은 자신의 코가 커져야 하는 벌을 받는 검고 나쁜 거짓말이었다면, 심성이 곱고 착한 피노키오의 거짓말은 마을사람들과 할아버지에게 도움을 주기위한 하얀 거짓말이었을 것이다.

호텔생활을 하다 보면 고객 서비스를 위한 다양한 하얀 거짓말을 목격하게 된다. 호텔리어들이 하는 하얀 거짓말은 악의에 찬 검은 거짓말이 아닌, 고객에게 서비스를 제공하기 위한 착한 피노키오의 하얀 거짓말이다. 그래서 하얀 거짓말을 하는 호텔리어의 코가 피노키오의 코처럼 커지지는 않는다. 그러나 대부분의 호텔에서는 이러한 하얀 거짓말을 하려고 노력하질 않는다. 그들은 고객에게 아무런 관심이 없기 때문에 하얀 거짓말을 할 필요가 없다. 오히려 그들은 고객들에게 검고 빨간 거짓말을 하기도 한다.

호텔리어가 고객에게 뻔뻔하게 거짓말을 하라는 것은 아니다. 일부러 거짓말을 해가며 고객을 대하라는 이야기가 아니다. 고객을 위하는 진심에서 우러나오는 하얀 거짓말을 하라는 것이다. 고객을 위해 하얀 거짓말을 할 준비가 되어 있지 않다면 하지 않아도 된다. 하얀 거짓말은 당장 하고 싶다고 바로 할 수 있는 그런 유형의 것이 아니다. 하얀 거짓말을 하기 위해서는 마음이 먼저 준비되어야 한다.

고객은 코가 커지는 피노키오의 검고 빨간 거짓말이 아닌, 피노키오의 마음에서 우러나오는 하얀 거짓말을 필요로 하고 있다. 호텔리어의 하얀 거짓말이 고객을 기쁘고 행복하게 만든다면, 설사 호텔리어의 코가 길어지더라도 고객을 위해 거짓말을 해야 되지 않을까?

"고객님, 안녕하세요? 저희 호텔을 이용해주셔서 감사합니다."
"오늘은 더 기분이 좋아 보이시네요."
"오늘은 더 예뻐 보이시네요."
"고객님, 정성을 다해 모시겠습니다."
"행복한 하루 되세요."

리드하는 고객, 리드당하는 호텔

예전에는 모든 것을 남자가 리드하며 결정하는 가부장적인 시대였다. 남성 위주의 사회로 구성되다보니 가정이나 직장, 심지어 자녀들의 교육 및 경제적인 주도권까지 남자들이 책임을 지고 영향력을 행사하였다. 연애를 하는 남녀의 만남에서도 가부장적인 모습이 나타나 만남의 장소부터 식사메뉴 그리고 만나는 시간까지도 남자가 결정을 해서 여성을 리드했다. 그래야 모든 것이 제대로 돌아가고 안정적으로 보이는 세상이었다. 그러나 리드를 하는 당사자는 힘이 있어 보일지는 모르지만, 정작 선택에 대한 모든 책임을 져야만 한다는 압박감과 부담감을 가져야만 했다. 자신의 의견만을 고집하고 일방적으로 무작정 밀고 나갔다가, 잘못되면 그나마 오랫동안 이어진 좋은 관계가 일순간에 무너질 수도 있다. 그래서 제대로 관계를 유지하기 위해서는 상대가 어떠한 취향을 가지고 있는지, 어떤 음식을 좋아하는지, 어떤 영화를 선호하는지, 심지어 어떤 음악을 좋아하는지 등을 파악하기위해 오랜 시간 고민하며 상대를 알려고 공부해야 한다.

다행인 것은 요즘과 같은 남녀평등 시대에는 남녀 어느 한쪽의 일방적인 리드가 필요 없다는 점이다. 상호간에 의견을 존중하고 교환하며 관계를 유지하면 지속적인 만남을 유지할 수 있다. 남자든 여자도 리드에 대한 압박감을 받을 필요가 없는 것이다. 가부장적인 사회의 남녀 관계는 아니지만 서비스를 제공하는 호텔산업에서는 어느 정도 호텔이 고객을 리드하는 역할이 필요하다. 호텔과 호텔리어는 자신의 전공분야에서 고객이 원하고 필요로 하는 것이 무엇인지를 찾고 지속적으로 공부해야 한다. 자신의 분야에서 전문가가 되어야만 고객이 원하는 것을 제공해주고 해결해줄 수가 있다. 더욱이 문화수준이나 호텔이용 수준이 높아진 고객들을 대응하기 위해서는 고객보다 더욱 많은 호텔 정보와 서비스에 관한 지식이 있어야 한다.

한국 사람들은 다방면에서 세계무대에서 두각을 나타내고 있다. 팬데믹 상황에서 한국인들이 보여준 시민의식과 국가적 차원의 코로나 대응능력, 그리고 이를 잘 따르고 준수하는 시민의식과 한국의 문화까지도 외신들은 특별보도를 하고 있다. 이제는 아시아의 변방국가로 인식되던 한국이, 당당히 세계무대에서 주역으로 주목받고 있는 것이다. 물론 한국의 국가 위상이 높아진 만큼 국민의 문화수준과 의식수준도 매우 높아져 있다. 특히 1988년에 실행한 여행자유화 조치 이후 한국인들의 해외여행지에서의 여행수준 및 호텔을 이용하는 수준은 이미 세계 어느 선진국에 뒤지지 않을 정도로 높아진 상태이다.

무질서하게 돈을 뿌려가며 현지인들에게 좋지 않은 인상을 심어주던 여행 수준도 점차 사라지고 있다. 우리의 행동 하나하나가 세계의 중심이 되어 주목받는 세상이 될 정도로 이러한 변화된 문화의식과 수준은 우리 주위에서 쉽게 확인할 수 있다. 바쁜 출근길이지만 가던 길을 멈추고 길을 헤매고 있는 사람을 도와주는 일, 운전을 하다가도 끼어들려는 자동차가 있으면 속도를 줄이고 안전하게 도로에 진입할 수 있게 양보하는 일, 신호등이 없는 이면도로에서 길을 건너려는 사람이 있으면 사람이 안전함을 느끼게 차를 세우고 길을 건너게 하는 일 등을 우리 주위에서 쉽게 목격할 수 있다. 이러한 행동들은 어떠한 결과나 이익을 목적으로 하지 않고 진정으로 타인을 위한 이타주의에 의한 행동이다.

다시 호텔 이야기로 돌아가 보자. 호텔리어들이 이처럼 향상된 문화의식을 가진 고객들과 다양한 해외여행, 호텔 등을 경험한 고객들을 제대로 리드하며 만족할 만한 서비스를 제공해 줄 수 있을까? 아쉽지만 아직까지도 호텔의 수준은 고객의 수준을 넘질 못하고 있다. 오히려 호텔이 고객으로부터 가르침을 받아야 하는 기이한 현상이 발생하고 있다. 이는 고객들은 수십 년간 고객의 수준을 높인 반면, 호텔들은 질적인 성장을 등한시하고 양적인 성장에만 힘써 온 결과이다.

호텔에서는 자주 고객을 리드해야 할 상황이 벌어진다. 호텔을 방문하는 고객들은 은연중에 서비스 전문가인 호텔리어들에게 많은 것을 의지한다. 호텔에서 고객과 직원의 만남은 오랜 시간 함께 만나온 관계가 아닌, 모르는 사람과 사람, 고객과 직원 간의 첫 만남이기 때문에 더욱 호텔리어들의 리드가 중요하다. 그러므로 호텔은 고객들로부터 다양한 정보와 고객이 원하는 서비스를 파악하고 또다시 새로운 상품을 구성하여 판매하고 고객을 유치하면서 고객에게 만족감을 제공해야만 한다.

그러나 최근 호텔들은 이러한 본연의 역할에 충실하지 못하고 있다. 호텔이 고객을 리드하지 못하고 오히려 고객에게 리드당하는 경우가 많아졌다. 이 현상은 해외여행이 보편화되면서 오히려 고객이 호텔 직원들보다 더 많은 호텔 지식과 경험을 통해 호텔 전문가가 되어있기 때문이다. 세상은 빠르게 변하고 고객은 예전에 비해 더욱 스마트해졌다.

이처럼 고객들은 앞서가고 있는데 정작 고객을 리드하며 안내해야 할 호텔이나 호텔리어들의 수준이 고객을 리드하지 못한 상태가 된다면, 우리의 호텔들은 지속 가능한 경영을 할 수 없을 것이다. 자신보다 수준이 낮은 호텔과 호텔리어를 어느 고객이 제대로 된 호텔, 호텔리어라고 부를 수 있을까?

노하우가 전수되지 않는 호텔

일본에서 가장 오래된 기업은 '곤고구미'라는 회사로, 이 회사는 578년에 설립되었다. 이 회사가 일본에서 가장 오래된 기업임에는 틀림이 없으나, 설립자는 우리 조상인 백제인이다. 한국에서 일본으로 건너간 유중광 외 세 사람이 이 건축회사를 설립했다고 한다. 이 회사는 올해로 1,443년이 되는 아주 오래된 회사로, 본래는 사찰건축을 전문적으로 하는 회사였으나, 최근에는 현대식 건축물도 건축하고 있다. 영국의 경제주간지인 〈이코노미스트〉는 '곤고구미'를 세계에서 가장 오래된 기업이라고 보도했다. 또 다른 오래된 기업은 718년에 설립된 일본의 '호시료칸'이라는 회사이다. 이 회사 역시 1,303년이나 된 오래된 호텔이다. 이 호텔은 현재 수십 대에 걸친 긴 세월을 가족이 가업으로 이어가며 유지하고 있는 회사이다.

이처럼 하나의 기업이 어떻게 천년을 넘게 존속할 수 있을까? 그것도 몇 세대를 건너 지금까지 기업을 유지하고 있다는 것은 쉽사리 이해가 되질 않는다. 그 이유는 간단하다. 이처럼 장수하는 회사들은 수세대를 거치면서도 그 회사 특유의 노하우를 가족과 가족 간, 혹은 가족에서 직원으로, 과거에서 현재의 세대로 그 노하우를 전수하였기 때문에 신규회사와의 경쟁에서도 살아남을 수 있었던 것이다.

필자는 수십 년의 직장생활 중에 감내하기 힘든 큰 시련과 고비를 겪었던 적이 있다. 바로 1998년 우리나라가 국제금융기구IMF에 금융 구제를 신청한 때이다. 어느 날 아침 뉴스에서 발표한 '한국이 국제금융기금에 도움을 신청한다'는 소식에 모두가 놀라지 않을 수 없었다. 발표 이후 한국 경제는 빠르게 얼어붙기 시작했다. 일부 정치인들이나 경제학자들은 이러한 사실을 간파하고 대비할 수 있었겠지만, 일반 직장인들은 앞으로 닥쳐올 고통의 시간을 예측하지 못했고, 대비도 하지 못한 상태에서 몸으로 부딪히며 고통을 겪을 수밖에 없었다. 그리고 한국은 IMF로부터 국가부도라는 판정을 받고 IMF의 관리 하에 국가적 구조조정을 단행했다. 개인은 개인대로, 기업은 기업대로 뼈를 깎아야만 하는 기나긴 시간을 보내고 그로 인해 수많은 기업들은 부도가 났으며 직원들은 강제 정리되고 거리로 쫓겨났다. 의지할 곳 없는 직원들은 추운 겨울을 길거리에서 지내야만 했다.

당시 필자가 몸담았던 회사도 기형적인 조직 형태로 운영되었다. 회사 조직은 갓 입사한 필자와 같은 신입사원과, 회사경영을 결정하는 임원만 남는 위와 아래만 있고 중간이 없는 조직으로, 그동안 회사가 쌓아온 기술과 노하우를 전수해주는 역할을 하던 중간 관리자가 없어진 비정상적인 조직으로 구성되었다. 그러다보니 회사는 한동안 발전을 포기하고 현상유지에만 급급했다. 회사는 전문적 지식을 직원들에게 교육하지도, 해줄 능력도 부족했다. 그 누구도 오랫동안 회사가 축적해 온 노하우를 전수받지도 못했다. 회사는 그로부터 오랜 시간을 거치며 다시 첫발을 딛고 일어서야만 했다. 임원들은 그저 알아서 열심히 잘하라는 지시를 할뿐, 정확한 방향성과 노하우를 신입 직원들에게 전수해 주질 못했다. 우리는 오랜 시간을 방황했고 우리의 시간은 멈춰진 듯했다. 어찌된 일인지 지금의 호텔업계는 당시에 비해 외형만 성장했을 뿐 내부적인 상황은 흡사 수십 년 전의 IMF 시기와 비슷하다.

호텔은 타 산업에 비해 다양한 국적과 다양한 직업을 가진 고객들이 숙박하고 이용한다. 이러한 고객들에게는 전문가적인 서비스가 필요하다. 얼렁뚱땅 모면하기식으로 서비스를 제공해서는 호텔을 지속적으로 유지할 수가 없다. 그러기 위해서는 그동안 호텔이 축적해 온 기술과 지식을 직원들에게 온전히 전달해줘야 한다. 선배는 선배의 경험과 정보를 후배에게 전수해주어야 하며, 후배는 전수된 기술과 지식을 완벽하게 학습하고 습득하여 고객에게 제공해야 한다. 이러한 노하우의 전수가 없다면 호텔의 수준도 일정 수준을 넘지 못하고 정체될 수밖에 없다.

중국의 고전 『장자』에는 유명한 백정인 '포정'의 이야기가 있다. 포정의 '소 잡는 기술'은 천하제일의 신기에 가까워서 소를 잡는 날이면 전국의 사람들이 구름처럼 몰려들었다고 한다. 일반 백정들은 소를 잡기 위해 칼을 갈고, 중간에 칼날이 무뎌지면 새르운 칼로 교체하면서 힘들게 잡은 소에게서 뼈와 살을 발라내지만, 이 포정만은 갈지도 않은 무딘 칼로 한 마리의 소에게서 뼈와 살을 구분하여 가뜬히 해체했다고 한다. 그는 너무나도 소의 구조를 잘 알고 있어 눈을 감고도 뼈를 피해 살만을 칼질하기 때문에, 무딘 칼로도 거뜬히 소를 해체했다고 한다. 그는 소 잡는 일에 집중하고 소를 연구하여 소의 뼈와 살을 정확히 꿰뚫어 봄으로써 신기에 가까운 기술을 쌓은 것이다.

호텔 현장에서 자신의 업무를 쌓는 것과, 쌓아온 업무의 노하우를 후배들에게 전수하는 일도 포정의 일과 별반 다르지 않다. 업무를 전수해주는 선배의 실력이 포정이 아닌 일반적인 백정의 솜씨를 가졌다고 하더라도, 선배는 최선을 다해 포정의 마음으로 후배에게 모든 것을 전수해 주어야 한다. 또한 업무를 전수해주는 이의 솜씨가 포정의 솜씨처럼 자신의 업무를 꿰뚫고 있는 사람이라도 더욱 후배에게 높은 기술을 가르쳐줄 수 있도록 자신을 연마해야 한다. 그리고 그 후배는 또 다른 후배에게 자신의 기술을 전수해 주어야 한다.

현재 우리 호텔리어들이 일반 백정의 모습을 하고 있는지, 아니면 신(神)에 가까운 기술을 가지고 있는 포정의 모습을 하고 있는지를 자문해 보아야 한다. 이제는 일반 백정이 아닌 신의 기술을 후배들에게 전수해 줄 수 있는 포정과 같은 선배가 되어야 한다. 일반 백정과 같은 호텔리어는 더 이상 고객들에게서 환호받지 못한다는 사실을 잊어서는 안 된다.

희소성이 대안이다

기업이나 상품이 경쟁 속에서 수익을 낼 수 있는 것은 그 기업이나 상품이 지니고 있는 희소성 때문이다. 산업을 이끄는 원재료 값이 상승하는 것은 그것을 생산해 낼 수 있는 절대적인 양이 제한되는 희소성 때문이다.

국제적으로 석유나 금이 이슈가 되는 것은 그들이 가지고 있는 희소성 때문이다. 석유나 금을 자신의 앞마당에서 캐듯 세계 어디에서나 생산할 수 있다면, 석유와 금값은 폭락하여 세계 경제는 금과 석유를 구하려 고민하지 않아도 될 것이다. 그래서 일부 국가에서는 희소성이 강한 자원을 무기로 삼아 다른 국가를 위협하기도 하고, 굴복시키기도 한다. 희소성은 곧 힘이기도 하다. 한때 석유는 세계 경제를 뒤흔드는 막강한 힘을 가진 몇 안 되는 희소자원 중의 하나였지만, 지금은 채굴 기술의 발달로 인해 원가가 낮아져 자원이 묻힌 곳이라면 어디서든 채굴이 가능하여 그 희소성이 떨어지고 있다.

최근 매장량과 생산지가 한정된 희토류의 경우에는 산업 전반에서 사용되고 있어 그 희소성을 인정받고 있다. 그로 인해 최근 국가 간 압력을 행사할 수 있을 정도의 희소성을 가진 광물이 되었다. 이처럼 희소성이 있다면 그만큼 시장에서도 영향력을 행사할 수 있다.

우리의 호텔도 한때는 금과 석유처럼 희소성으로 인해 시장에서 관심을 받은 적이 있었다. 밀려오는 외국인들을 수용하지 못할 정도로 호텔 부족현상이 발생하여 호텔업은 수년간 희소성의 대상이 되었고, 호텔은 객실의 가격까지도 자신들이 결정할 수 있었다. 그러나 이제는 전국 어디에서나 필요할 때 고객이 원하는 가격으로 숙박할 수 있는 호텔들이 넘쳐나고 있다.

이처럼 희소성이 떨어진 호텔들은 당연히 가격적인 경쟁을 해야 하며 그만큼 영업에 고전을 할 수밖에 없다. 더욱이 천편일률적으로 동일한 공산품을 찍어내듯 일시에 만들어진 호텔들이 거리마다 즐비하다. 이제는 서비스와 시설에서 차별화된 호텔들이 오픈되어야 한다. 누구나 쉽게 접하지 못하는 희소가치를 가진 호텔을 만들어야만 시장경쟁에서 살아남을 수 있다.

직업적으로도 변호사나 의사와 같은 전문직 종사자는 직업의 희소가치에 대한 좋은 예이다. 오랫동안 이들은 새롭게 많은 사람들이 자신들의 직업에 쉽게 진입할 수 없게 제도적인 벽을 이용하였다. 이는 정부의 정책과도 맞아떨어져 그동안 그 희소성을 인정받았다. 이들은 오랜 기간 동안 시간을 투자하여 자격을 취득함으로써 새로운 사람들이 시장에 진입하는 것을 막았던 것이다. 또한 수많은 사람들이 변호사나 의사가 되는 것을 조절하여 그 희소성을 높여 왔다.

최근 전문의 수련의가 국민들의 의견을 무시하고 코로나19 사태에서도 파업을 강해한 것이 이러한 희소성으로 인해 힘을 가졌기 때문이다. 마치 노조가 자신들의 권리를 주장하며 좋지 않은 상황에서도 기득권을 챙기는 것과 같다. 이제라도 정부는 이들이 진입하는 진입장벽을 낮추고 인센티브를 제공하여 공급을 늘리면 어떨까? 그러면 이들은 하루아침에 높은 급여와 안정적인 직장을 잃고 실직자가 될 것이다. 그래서 인원을 늘리는 것에 목숨 걸고 막는 것이다.

호텔도 희소성을 유지하기 위하여 이러한 물리적 · 법적인 제약을 사용하지는 않더라도 최소한의 규모를 조절하는 기능을 갖추어야 하며, 기존의 호텔들과 새롭게 진입한 신규 호텔들이 함께 공존하며 살아남기 위해서는 자신들만의 독특한 희소성을 키워나가야 한다. 타 호텔과 차별화할 수 있는 희소성을 가진 호텔만이 살 길이다.

이제는 희소성이 없는 호텔은 결코 살아남지 못한다.

전문가가 없는 호텔

모든 사람들이 다양한 방면에 능통할 수는 없지만, 누구나 한 가지 분야에서만큼은 뛰어난 능력을 가지고 태어난다. 각자 자신이 가장 잘할 수 있는 분야가 있어 그 한 분야에서 뛰어난 실력을 발휘한다. 그러나 아직까지 자신이 어떤 분야에 능력이 있는지를 발견하지 못했다면 포기하지 말고 좀 더 시간을 투자하여 단련하기를 게을리하지 말자. 반드시 남이 인정하는 해당 분야에서의 전문가가 될 수 있기 때문이다. 아무리 뛰어나고 머리가 좋다고 하더라도 노력하기를 게을리하면 남들처럼 그저 평범한 능력만을 발휘하게 된다.

'병아리 감별사'란 직업이 있다. 이 직업은 다양한 직업 중에 아주 특화된 직업이다. 병아리 감별사는 전문가 중에 전문가이다. 이들이 받는 급여는 웬만한 고소득자들보다도 더욱 많은 돈을 받는다. 이들이 이처럼 귀한 대접을 받을 수 있는 것은 양계장에 필요한 암수 병아리를 빠르게 구별해낼 수 있는 능력이 있기 때문이다. 양계농장에서 암병아리는 알을 낳는 귀한 대접을 받지만, 숫병아리는 알을 낳지 못할뿐더러 키우는데 비용이 많이 든다. 따라서 암수를 조기에 구분하여 사육에 들어가는 비용을 최소화해야 한다. 이러한 병아리 감별사가 되려면 수많은 시간을 투자해야만 전문가가 될 수 있다. 급하다고 농가에서 비전문가에게 감별 업무를 맡긴다면, 그로 인해 암수를 구별 못하여 발생되는 엄청난 비용을 감수해야만 한다.

필자는 몸에 이상이 생기면 지체 없이 병원으로 달려간다. 병원을 찾아가는 이유는 아주 간단하다. 자신의 몸 상태를 정확하게 파악하고 진찰하며 그 병에 맞는 약이나 수술을 해줄 수 있는 의사가 있기 때문이다. 의사는 환자의 몸 상태를 체크하고 필요에 따라서는 최신의 장비를 이용하여 병의 원인을 찾아낸다. 일부 환자의 경우에는 일반병원보다 용하다는 의사를 찾아 진찰이 한두 달이 걸리더라도 예약을 미리 해놓고 반드시 그 의사에게서 진찰을 받는다. 바로 그가 그 분야에 관해서는 알아주는 전문가이기 때문이다.

이들과 같은 전문가들은 하루아침에 습득되는 것이 아니다. 병아리 감별사의 경우는 자격증을 취득하기위해 25만 다리의 병아리들과 씨름을 해야 취득할 수가 있다. 또한 의사자격증을 땄다고 해서 모두에게 전문의라는 자격이 주어지는 것도 아니다.

의사는 일반의와 전공의 그리고 전문의로 크게 구분할 수 있다. 일반의는 의대를 졸업하고 국가에서 시행하는 의사면허시험에 합격한 사람을 이야기한다. 전공의는 의사면허를 획득한 후 1년간 해당분야의 병원에서 수련과정을 통해 전문의 자격취득을 위해 수련하는 의사를 말한다. 그리고 전문의는 말 그대로 의사로서 해당분야의 전문가를 말한다. 전공의 과정을 거치며 가장 최고의 시험인 전문의 자격

시험에 합격한 사람을 말한다.

우리가 집을 짓거나 해당분야의 상담을 할 때도 그 분야에서 오랜 시간의 경력을 쌓아온 사람에게 조언을 받거나 거액의 컨설팅 비용을 지불해가며 상담을 받는다. 그 누구도 지식이 없는 일반인에게 상담을 받으려 하질 않는다. 이처럼 전문가는 그 분야에서 깊은 지식을 갖고 있거나 중요한 역할을 하는 사람들이다. 운동선수는 올림픽에 나가 금메달을 따기 위해 새벽부터 저녁까지 운동에 매진한다. 학자는 연구에 밤을 새가며 몰두하기도 하고, 시험을 앞둔 학생은 친구들의 달콤한 유혹을 뿌리치고 도서관에서 공부에 열중한다.

그러나 모든 사람들이 노력을 한다고 해서 성공을 거두는 것은 아니다. 직장인이 큰돈을 벌겠다고 서점에서 발간된 주식에 관한 서적을 10권 읽는다고 해서, 바로 주식에서 큰돈을 벌 수 있는 것은 아니다. 훌륭한 축구선수가 되겠다고 축구에 관한 서적을 독학한다고 해서 손흥민과 같은 세계적인 축구선수가 되는 것은 아니다. 성공한 전문가들은 하루, 한 달, 일 년, 십 년을 지속적으로 전문가가 되려고 노력을 한다. 남들이 보지 못하는 그들의 성공 뒤에는 수없이 많은 노력이 숨겨져 있다. 이들 전문가는 말 그대로 '특정한 분야에서 그 분야에 관해 오랜 경험과 지식을 쌓은 사람'을 말한다. 그래서 우리는 이들을 '전문가' 혹은 '프로'라고 인정을 해준다.

타 업계에는 많은 전문가가 있지만 아쉽게도 우리 호텔업에는 전문가가 많질 않다. 현장에서 근무하는 모두가 자신이 전문가라고 말하지만, 정작 호텔을 제대로 배우고 밑에서부터 성장하여 위까지 올라선 제대로 된 전문가는 드물다. 제대로 된 전문가가 없어서인지 자신이 호텔을 다 아는 듯 떠드는 비전문가들만이 난립하고 있다. 자신이 전문가라고 떠들고 다녀도 업계에는 그것이 거짓인지, 사실인지를 제대로 구별해낼 사람 또한 적다. 더욱 큰 문제는 호텔의 오너들이 진정한 전문가들보다는 감언이설로 현혹하는 모사꾼들을 고용한다는 것이다. 이러한 호텔들의 최후는 대부분 부도가 나거나 운영이 악화되어 금전적 어려움을 겪는다.

현명한 고객들은 전문가 없이 운영되는 호텔을 찾지 않는다. 그들은 직원의 행동 하나하나, 호텔의 운영상태 하나를 보고도 전문가가 있고 없고를 판단할 수 있다. 전문가가 없는 호텔은 뭔가가 다르다. 최근 호텔업계는 고수가 떠난 무림의 세계와도 같다. 천하제일 전문가들은 모두 숲으로 숨어있고, 얄팍한 상술을 가진 모사꾼들만이 득실거린다. 진정한 전문가는 자신의 경험과 지식을 남에게 전달해야 하는 의무도 가지고 있지만, 그들은 현재의 상황에 회의를 느끼고 숲밖으로 나오려 하질 않는다. 지식을 자신의 틀 안에 가두어 활용하지 않는 것은 진정한 전문가가 할 일이 아니다.

지금은 진정으로 호텔을 사랑하고 아끼는 절대고수인 전문가들이 숲 밖으로 나와 업계와 후배들을 이끌어주어야 한다.

단거리 선수가 많은 호텔

직장생활을 하다 보면 다양한 사람들, 다양한 직원들을 접하게 된다. 오랫동안 회사에 몸담고는 있었지만 회사의 중심에 서있지 못하고 주위를 맴도는 직원과, 오래전부터 알고 지내던 사람처럼 직원들과 융화하고 회사에 빠르게 적응하는 직원도 있다. 그리고 입사한 지 불과 몇 일만에 퇴사하는 신입 직원도 있다. 이들 중에는 회사에 퇴사 의사를 밝히지도 않고 무단으로 결근하는 직원도 있다. 자신의 적성과는 맞지 않아 일찌감치 인생진로를 결정하는 것은 억지로 회사를 다니며 시간을 낭비하는 것에 비하면 오히려 현명한 선택일 수도 있다. 그러나 연락도 없이 무단으로 퇴직을 하는 경우에는 다른 직장을 구하더라도 바로 싫증을 내고 또다시 이직을 하게 된다. 이들은 육상경기로 치면 단거리 선수들과 같다.

호텔에서도 이들처럼 앞을 길게 보지 못하고 즉흥적으로 일을 처리하는 단거리 선수들이 많다. 마라톤 경기에 비유를 하면 이들은 42,195킬로미터라는 긴 거리를 완주할 수가 없다. 조금만 힘들고 숨이 차오르면 금방 죽을 듯 난리를 치며 바닥에 주저 않거나 쓰러지고 만다.

필자는 육상경기를 좋아하지는 않지만 몇몇 종목의 경우에는 관심을 가지고 있다. 특히 승부가 몇 초 차이로 결정되는 1백 미터 경기는 박진감이 넘치는 스피드한 경기라서 더욱 관심이 높다. 그리고 상대적으로 오랜 시간을 지켜보며 결과를 얻을 수 있는 마라톤은 긴 시간을 지켜봐야 하는 단점은 있지만, 남다른 애정을 가지는 종목이다. 이 두 경기는 관객 입장에서 관람하는 포인트가 다르다. 그리고 경기를 준비하고 임하는 선수들의 입장에서도 운동의 차이가 크다. 무엇보다도 큰 차이점은 선수들의 체격에서도 나타난다.

백 미터와 같은 단거리 선수들은 보디빌더 선수들의 근육과 같은 우람한 근육을 가지고 있다. 이들의 근육은 순간의 스피드를 낼 수 있도록 트레이닝 되어 있다. 모든 단거리 선수들이 이러한 근육을 유지하지는 않지만, 대부분의 단거리 선수들은 많은 근육을 발달시킨다. 이러한 근육은 초기 스타트에 필요한 힘과 질주가속을 더하기도 한다. 단거리 선수에게 필요한 근육을 '백근'이라고 하며 이는 순간적인 힘을 폭발적으로 발산시킬 수 있는 강한 힘을 내게 하지만 쉽게 피로감을 느끼게 한다. 그러나 장거리나 마라톤 선수들은 단거리 선수들과는 다른 지구력을 낼 수 있는 근육이 필요하다. 만약 마라톤을 하는 선수들에게 단거리 선수들이 가지고 있는 트레이너와 같은 근육이 있다면 긴 시간을 달리질 못한다. 이들이 필요한 근육은 오랜 시간을 버틸 수 있는 지구력의 근육인 '적근'이다. 그래서 마라토너는 상체의 근육보다는 지구력에 필요한 하체근육을 발달시킨다. 달릴 때 받는 하중은 자신의 몸무게의 세 배를 받는다고 한다. 이들에게 보디빌더와 같은 근육이 있다면 42.195킬로미터라는 긴 거리를 완주할 수는 없다.

마라톤을 단거리인 백 미터나 천 미터를 뛰는 느낌으로 뛸 수는 없다. 42.195킬로미터를 꾸준한 속도로 힘을 분배하며 뛰어야 한다. 일시에 전속력으로 뛴다면 중간에 지쳐 결승점에도 도착하지 못한다. 필자는 마라톤 경기에서 자신과의 싸움, 자신의 목표를 향해 달려가는 마라토너를 보면 감동이 밀려온다. 현재 한국 남자마라톤 기록은 이봉주 선수가 세운 2시간7분20초라는 엄청난 기록인데, 20년이 지난 지금도 깨지지 않고 있다. 이 두 시간이 넘는 시간동안 달리기를 지속하려면 근육이 절대적으로 피로하면 안 된다. 그래서 마라톤 선수들은 근육 운동보다는 오랫동안 버틸 수 있는 지구력 운동을 한다.

다시 호텔이야기로 되돌아 가보자. 호텔에는 단거리 선수들이 많을까, 장거리 선수들이 많을까? 현재 우리 호텔에는 대부분 단거리 선수들도 채워져 있다. 긴 안목을 가지고 장거리를 뛰어야 하는 호텔 경기에 단거리 선수가 많다보니 제대로 된 실력을 발휘하지 못하는 것도 당연하다. 심지어 호텔의 오너들조차도 단거리 출신의 선수들이 많아 구간마다 시간과 체력을 안배해 가며 뛰는 장거리 호텔리어들과는 맞지를 않는 경우가 있다.

호텔에는 육상에 단거리와 장거리가 있듯, 비수기와 성수기가 구분되어 있다. 추운 겨울은 비수기이다. 그러나 벚꽃이 피는 4월부터는 성수기에 접어든다. 비수기에는 어느 정도의 적자를 감수해야 한다. 그래야 성수기인 4월에 접어들면서 많은 수익을 낼 수가 있다. 연간으로 봐도 경기가 좋지 않은 해가 있다면, 상대적으로 일 년 내내 꽃이 만발한 행복한 해를 맞이할 수도 있다. 겨울이 싫다며 온실 속에서 키운 나무는, 겨울을 버텨내지 못하고 얼어서 죽거나 병충해가 들어 시들어 죽고 만다. 추운 겨울을 힘차게 이겨낸 꽃과 나무들만이 그 다음해에 강하게 성장하여 좋은 과수를 맺을 수 있다.

호텔을 오픈한다고 해서 당장 실적을 내기란 쉽지 않다. 투자한 호텔이 몇 개월간 적자가 나면 오너는 마음이 조급해질 수밖에 없다. 이때부터 긴 안목을 가지고 장거리 선수들이 경기를 하듯 마음을 컨트롤해야 한다. 시간을 투자해서 영업과 홍보를 해야만 고객이 하나 둘씩 찾아온다. 이러한 업무시스템을 이해하고 호텔에 맞는 트레이닝을 해야 한다. 그러기 위해서는 호텔의 경영진부터 직원에 이르기까지 단거리 선수를 육성하기보다는 장거리에 유리한 직원을 육성해야 한다. 짧게 보고 짧게 뛰는 단거리 선수의 성향을 가진 오너라면, 일찍 호텔을 접어야만이 손해를 줄일 수 있다.

호텔이란 사업도 긴 호흡을 하며 마라톤 경기를 해야 한다. 긴 안목으로 일 년을 내다보며 자신이 필요로 하는 장거리 선수를 키워나가야 완주할 수 있다. 지금은 마라톤을 하듯 긴 거리를 뛰는 심정으로 가야 할 때이다. 필자도 잠시 접어두었던 42.195킬로미터의 완주의 꿈을 다시 한 번 펼쳐야겠다.

고무줄을 어떻게 사용하는가?

나이가 들수록 몸의 유연성은 떨어진다. 오십대가 되면서부터 운동은 온몸을 사용하는 격한 운동보다는, 될 수 있으면 몸을 덜 움직이고 짧은 시간에 끝낼 수 있는 간단한 운동을 선호한다. 그러나 반대로 나이가 들수록 몸의 근육과 유연성을 키워야 한다. 십대 시절 체육시간에 몸을 굽혀 땅바닥까지 닿게 하거나 손을 하늘로 쭉 뻗으며 스트레칭을 하던 유연한 몸은 굳을 대로 굳어져, 마치 온몸에 시멘트와 석고를 바른 것처럼 뻣뻣하게 굳어져 있다.

사람들은 자신의 몸 한쪽이 이상이 생기고 나서야 정신을 차리고 건강을 챙기기 위해 몸의 근력과 유연성을 기르는 운동에 신경을 쓴다. 인생도 나이가 들수록 삶의 유연성이 없어지는 듯하다. 필자도 인생의 다양한 경험을 하고 있지만, 정작 인생의 유연성은 몸의 유연성에도 미치지 못한다.

한국 사람들의 평균 수명이 82.4세라고 한다면 아직도 살아야 할 날이 많지 않은가? 인생 82.4세를 하루 24시간에 비유한다면 필자도 이제 오후 3시를 조금 넘긴 시간을 보내고 있다. 아직도 한참 움직이고 일해야 할 오후시간과 인생의 평온을 즐길 수 있는 저녁시간들이 남아있다. 그러기 위해서는 지금부터라도 몸의 유연성과 인생의 유연성을 키워야 한다. 그래야 인생 후반을 건강하게 유지할 수 있다.

호텔에서는 절대적으로 유연성이 필요하다. 경직된 사고와 행동으로는 지속가능한 호텔을 유지할 수가 없다. 특히 외부의 영향에 의해 좌지우지하는 호텔산업은 유연성이 더욱 필요한 산업이다. 고무줄을 보자. 고무줄은 유연성뿐만 아니라 탄력성도 뛰어나다. 학생들에게 고무줄을 하나씩 주면, 아이들은 고무줄을 이용해 다양한 놀이를 구사한다. 고무줄넘기는 기본이고, 고무줄 싸움, 고무줄 끊기 놀이, 그리고 고무줄 총을 만들기도 한다. 이렇듯 동일한 모양을 가진 고무줄이 아이들로 하여금 다양한 형태의 놀이를 할 수 있는 것은 고무줄만이 가진 유연성 때문이다.

이처럼 호텔이 고무줄처럼 다양한 변화를 하지 않으면 실패하기가 쉽다. 고무줄처럼 길게 늘어날 때도 있어야 하고, 때로는 자유자재로 다양한 형태로 변화도 해야 한다. 변화를 하려면 자신의 현재상황이나 자신이 가지고 있던 기득권을 내려놓아야 한다. 고무줄은 본연의 자신 모습을 포기하고 변화한다. 호텔도 자신의 손에 쥐어져 있는 기득권을 움켜쥐려고만 한다면 변화할 수가 없다.

모든 서비스업이 정지된 시기인, 그리고 모든 호텔리어들이 고통받던 코로나19의 팬데믹 이야기를 해보자. 당시 필자가 잠시 몸담고 있던 어느 호텔의 이야기이다. K호텔은 아무런 대책 없이 코로나19

를 준비하지 못하고 신규로 오픈하였다.

어느 날 필자에게 코로나19로 인해 상황이 악화되어 급하게 호텔 정상화를 해줄 수 있느냐고 회장으로부터의 연락이 왔다. 그리고 몇 개월 뒤 필자는 총지배인으로 가게 되었다. K호텔은 오픈 초기에 제대로 된 세팅을 하지 못한 탓에 몇 개월 동안 방향성도 잡지 못하고 표류하고 있었다. 막상 현지에서 상황을 파악해 보니 이러한 상황을 반전시킬 수 있는 것은 의외로 간단한 방법이었다. 필자는 그동안 오너와 직원들이 가지고 있던 기존의 경직된 사고와 행동을 버리고 고무줄처럼 유연한 사고와 업무를 지시했다. 그리고 현재의 것들을 모두 버리게 하고 원점부터 다시 시작하였다. 그러나 예상 외로 결과는 쉽지를 않았다. 근무하고 있던 사원에서부터 팀장, 그리고 임원들의 반발에 부딪혔다. 모두의 반대가 너무 심해 필자의 의지를 잠시 꺾고 숨고르기에 들어갈 수밖에 없었다. 임원 및 직원, 심지어 오너까지 누구도 내가 진행하려는 변화를 반기지 않았다. 그리고 숨고르기가 끝난 후 다시 한 번 변화를 시도했다. 처음 저항보다는 강하지 않았지만 반발은 여전했다. 그래서 필자가 바꿀 수 있는 것부터 하나씩 바꾸기 시작하여 4개월 후부터는 회사의 분위기가 점차 변화하는 것을 느낄 수 있었다.

이처럼 모두가 변화를 싫어한다. 그러나 살아남기 위해서는 유연한 변화가 필요하다. 기존의 것들을 유지하는 것도 좋지만, 좀 더 앞으로 나아가기 위해서는 제로(0)부터 시작하는 마음으로 버릴 것은 과감히 버려야 한다.

호텔은 기존의 것을 유지하려는 습성이 강하다. 변화가 쉬운 것은 아니지만, 그렇다고 변화가 불가능한 것만도 아니다. 변화를 통해 무언가가 바뀌면 고객도 금방 변화된 것을 알아챈다. 내부에서는 변화를 원하지 않지만, 고객은 변화를 원한다.

처음 호텔을 오픈했을 때 입사하는 직원들을 오픈멤버라고 한다. 그런데 이상하게도 이 오픈멤버들이 호텔에서 지속적으로 살아남을 확률은 극히 드물다. 일부 신입사원들을 제외하고, 대부분의 경력사원들은 호텔 오픈을 하고 얼마 되지 않아 퇴직을 한다. 특히 타 업종에 비해 오픈멤버들의 생존율은 더욱 떨어진다.

왜 이러한 일들이 일어날까? 호텔은 산업특성상 초기세팅 과정이 중요하다. 나름의 색을 입히고, 고객을 유치하고, 호텔의 운영을 위해 일정한 기간과 노력이 오픈초기에 집중될 수밖에 없다. 그러기 위해서는 다양한 사람들의 노력이 필요하다. 그런데 호텔이 어느 정도 정상 궤도에 올라가면 이상한 일이 생긴다. 오픈 초기에 이리저리 동분서주하던 직원들이 하나둘씩 동작이 느려지고 의자에 몸을 기대는 시간과 횟수가 늘어난다. 인생으로 치면 나이 40, 50에서 몸이 굳어 경직되는 것과 같다. 오너뿐만 아니라 직원들의 행동과 생각도 점점 경직되어 간다. 변화의 필요성을 느끼지 못한 직원들은 어느새 변화에 둔감해지기 시작한다. 호텔은 오픈 이후 다시 한 번 재도약을 통해 매출과 브랜드의 인지도를 높여야 하는 시기가 다가오지만, 초기 오픈한 직원들은 점점 변화를 싫어하게 된다. 이러한 이유로 오너는 기존의 틀을 다시 한 번 바꾸기 위해 조직을 바꿀 수밖에 없다. 현재 내가 가지고 있던 기득권을 포기하지 않으면 살아남거나 도약할 수가 없다. 바로 쪽박 차는 호텔이 되기 때문이다.

피도 눈물도 없는 터프한 현대사회에서 호텔이 살아남기 위해서는 고무줄과 같이 유연하게 변화해야만 살아남을 수 있다. 쇠사슬은 강할지는 모르겠지만 유연성이 없어 물건을 튼튼하게 묶는 용도로만 사용되지만, 고무줄은 유연성이 있어 다양한 용도에 다양한 방법으로 사용할 수 있다.

지금은 강하고 튼튼한 쇠사슬이 아닌 유연한 사고를 가진 고무줄이 필요한 시기이다. 직원도, 호텔도 고무줄과 같은 유연한 사고와 행동이 필요하다.

나침반이 없는 호텔

– 목표가 없는 호텔 –

필자는 등산을 유난히 좋아한다. 지금은 등산보다는 간단한 걷기 운동을 즐기고 있지만, 학창시절 주말이 되면 항상 가볍게 가방을 둘러메고 가까운 산을 찾아가곤 했다.

산에 관하여 아직도 생생하게 기억에 남는 일이 있다. 중학생시절 외가댁에 놀러갔다가 우연히 뒷산을 오른 일이 있었다. 뒷산을 조그마한 야산인줄 알고 사촌형과 함께 오르다가 길을 잃고 나서야 어마어마하게 큰 산임을 알았다. 당시에는 등산을 하기 위해 제대로 된 등산화나 등산복 같은 장비를 챙기고 올라간 것이 아니라, 아무생각 없이 야산을 오르듯 무작정 올라간 상태라 몇 시간동안 산을 헤매며 무척 고생을 하고서야 내려왔다. 만약 방향을 잡을 수 있는 나침반이라도 있었다면 제대로 방향을 잡고 조금 더 쉽게 산을 내려올 수 있었을 텐데, 집의 방향도 몰라 이리저리 헤매다가 해질녘이 되어서야 돌아올 수 있었다.

나침반은 길을 찾는 데는 유용한 도구이다. 나침반은 올바른 방향을 제시해 주기 때문에, 동일한 노력을 하더라도 좀 더 쉽게 길을 찾게끔 해준다. 빠른 것보다 제대로 된 방향을 찾기 위해서 나침반은 반드시 필요하다. 동네 야산 정도는 나침반이 필요 없으나, 전문적으로 산을 오르는 전문 산악인들은 반드시 나침반을 챙긴다고 한다.

인생에서도 나침반이 필요하다. 목적지가 어딘지 방향도 모르고 무작정 달리기보다는, 정확한 방향성을 가지고 있다면 그만큼 더 큰 성공을 가져올 수 있다. 그러나 이렇듯 중요한 나침반도 없이 무작정 달려가려는 호텔들이 늘고 있다. 목표가 어디인지도 모른 채 남들이 호텔업을 한다고 무작정 달려든다. 그러다가 뒤를 돌아보면 그 길에는 아무도 없고 혼자서 허허벌판을 걷게 됨을 알게 된다. 요즘처럼 어려운 시기에 평탄한 길을 가기도 힘든데, 이곳저곳을 헤매는 호텔들을 보면 매우 안타깝다. 성공을 위해서는 빠름보다는 올바른 방향으로 가는 것이 더욱 중요하다. 이때는 방향을 알려주는 나침반이 절대적으로 필요하다.

성공한 과학자는 남들보다 잠을 덜 자기도 하고, 더 많은 시간을 연구에 몰두한다. 또 성공한 사업가는 남들보다 더 많은 사람들을 만나기도 한다. 그리고 성공한 연기자는 남들보다 더 많은 땀을 흘리며 연기연습에 몰두한다. 김연아는 어렸을 적부터 많은 노력을 한 선수로 알려져 있다. 그녀는 운동을 끝내고 남들이 쉬는 시간조차도 연습을 했다고 한다. 세계적인 축구선수 박지성은 평발임에도 불구하고 쉬지 않고 볼을 가지고 연습을 했다고 한다. 이처럼 성공한 이들에게는 그들만이 가지고 있는 공통점이 있다. 바로 목표(나침반)가 확실히 있었다는 것이다. 잘 나가는 사람은 확실한 인생의 목표(나침반)를 가지고 있다.

필자가 대학에서 잠시 학생들을 가르칠 때의 일이다. 첫 학기 강의 시간에 학생들에게 이번 학기에 가장 하고 싶은 자신의 목표를 될 수 있으면 수치화시켜 적게 하여, 한 장은 필자가 보관하고 다른 한 장은 학생들이 보관하도록 했다. 이 방법은 매년 필자의 가족들도 하는 연중행사로, 연말이 되면 가족들이 각자의 목표를 적어낸다. 그리고 1년 뒤 그 목표를 얼마나 달성했는지 모여서 이야기를 한다. 이러한 과정을 학기 초에 학생들에게 동일하게 진행했다. 마지못해 목표를 건성으로 적어낸 학생도 있고, 심사숙고한 끝에 목표를 적어낸 학생도 있었다. 학기 초에 적은 학생들의 소박한 이 목표는 모아두었다가 학기가 마무리되는 날 학생들이 직접 발표를 하게 했다. 처음에 자신이 써 낸 목표와 한 학기가 지난 현재의 결과를 비교해서 함께 발표하게 했다. 물론 학기 중간에 학생들에게 자신이 작성한 목표가 잘 진행되고 있는지를 체크하게 했다.

이러한 방법은 학생들을 조금씩 변화시킨다. 첫째는 자신의 목표를 설정할 수 있고, 둘째는 목표에 대한 구체적인 행동을 할 수가 있다. 결과는 중요치 않다. 목표를 설정하고 목표를 위해 자신이 무엇을 할지를 생각하는 것 자체로도 충분하다. 목표는 사람이나 기업을 변화시킨다. 목표가 있고 없고는 그만큼 중요하다. 그래서 기업도 나침반이 있고 없고가 중요하다. 이것은 그 기업의 성공과 존속에도 연결된다. 그래서 각각의 기업은 많은 시간을 투자하며 연말에 차년도에 사용할 나침반을 세밀하게 준비한다. 그래야 다가오는 한 해를 성공적으로 보낼 수가 있다. 단순히 목표를 결과와 연결 짓지 않더라도 목표가 확실한 기업은 다른 기업에 비해 성장할 가능성이 많다. 실패하는 기업은 목표에 대한 의식이 높지 않다. 목표가 명확하면 그만큼 실패할 확률도 낮다. 호텔도 확실한 성공을 위해서라도 성공의 필수 요소인 나침반을 준비해야 한다.

지금 당신의 배는 어디로 향하고 있는가? 나침반을 준비했다면 다른 방향으로 향하기 전에 다시 한 번 확인해야 한다.

스테로이드 처방은 이제 그만!

사람이 살면서 가급적이면 가지 말아야 할 곳이 있다. 첫 번째 장소는 교도소이다. 이곳은 일반인들이 갈 수 있는 곳은 아니다. 물론 연말연시에 위문공연을 위해서 교도소를 방문할 수도 있지만, 아주 특별한 경우가 아니고서는 평생을 살면서 갈일이 절대 없는 곳이다. 다음은 법원이다. 법원은 교도소보다는 덜 하지만, 그렇다고 자주 가도되는 곳 또한 아니다. 법원을 방문하는 경우는 재판을 받으러 가거나 방청을 하기 위해서 가기도 하지만 대체로 좋지 않은 이유로 방문을 하게 된다. 재판을 위해 가는 경우는 대부분 개인과 개인 간 기업과 기업 간의 송사에 휘말려 가게 된다. 법원 또한 가지 말아야 할 곳 중 하나이다. 그러나 이 장소는 살면서 나의 의지에 따라 가지 않을 수도 있지만, 또 다른 한곳은 나의 의지와는 상관없이 어쩔 수 없이 갈 수밖에 없는 곳이다. 이곳은 바로 병원이다. 병원은 나의 의지와 상관없이 가는 경우가 대부분이다. 병원은 철없는 어린이나 연세가 지긋한 어르신에 이르기까지 신체에 특별한 문제가 있기 전까지는 모두가 가기 싫어하는 곳이다. 한평생을 살면서 병원을 가지 않을 정도로 건강한 삶을 살면 그처럼 행복한 일이 없다. 80년 이상의 삶을 살면서 사람의 인체는 여기저기 문제가 발생된다. 그래서 본인이 가고 싶지 않더라고 어쩔 수 없이 치료를 하기 위해서 병원을 가야만 한다. 병원을 가면 왠지 멀쩡했던 사람도 병을 얻은 것처럼 느껴지고, 병원에 있는 것 자체만으로도 기운이 없고 아파 보인다.

살면서 본인이 병원을 찾는 이유는 두 가지다. 한 가지는 본인이나 가족의 몸 어딘가에 이상이 생겨 진찰이나 치료의 목적으로 가는 경우이다. 다른 하나는 지인이 돌아가시거나 입원하여 조문이나 병문안을 가는 경우이다. 결과적으로 두 경우 모두 유쾌한 방문은 아니지만, 공교롭게 방문한 병원에서 진찰 결과가 좋지 않아 치료를 받아야 한다면 마음은 더욱 불안하고 불편해진다.

병명이 확인된 환자를 처방하는 치료 방법은 다양하다. 큰 병이 아닌 이상 대부분의 경우는 약 처방을 통해 해결할 수 있다. 약 처방의 경우에도 조금은 느리지만 천천히 자연적 치료를 유도할 수 있게 가벼운 약으로 처방을 하는 경우와, 빠른 효과를 볼 수 있게 스테로이드제 성분의 강한 약을 처방하는 경우가 있다. 이중 스테로이드제 처방은 항생제를 사용해서 환자를 빠르게 치료하는 방법이다. 스테로이드 처방은 가장 쉽고 빠른 치료효과로 인해 다양한 질병의 처방으로 활용되고 있다. 그러나 이 처방은 사람과 시기에 따라 다양한 후유증을 유발할 수 있다는 단점도 함께 지니고 있다.

병을 빠르게 치료할 수 있는 스테로이드제 처방은 좋은 방법일까? 나쁜 방법일까? 스테로이드제의 경우 연고, 주사, 알약 등 쉽게 접하고 처방할 수 있지만, 일부 환자의 경우 부종, 피부트러블, 생리불순,

소화성궤양 등의 다양한 부작용을 일으킬 수가 있어 의사의 정확한 진단과 치료시기가 중요하다. 그러나 일부 환자들은 약을 최소화하며 자연적인 치유를 유도하는 방법보다도, 지금 당장 병을 치료하고 싶은 욕심에 일부러 가장 센 약을 처방해달라고 요구한다. 필자는 개인적으로 이 스테로이드제 약 처방을 최대한 피하고 의사가 처방한 약에도 스테로이드제 성분이 포함되어 있으면 가급적 의사와 상담하여 다른 의약품으로 대체해 달라고 요청한다.

세계경제가 좋지 않은 지금, 많은 호텔들이 심한 병을 앓고 있다. 한일관계의 냉각과 사드 배치로 인한 중국 관광객의 감소, 그리고 코로나 발생으로 인한 팬데믹으로 많은 호텔들이 심각한 병을 앓고 있다. 호텔들은 자신의 병을 치료해달라며 가장 빠른 치료효과가 나타날 수 있는 스테로이드제 처방을 요구한다.

이런 호텔 상황에 맞는 처방은 어떤 처방일까? 지금까지 한국의 관광정책, 특히 호텔에 관한 정부정책과 호텔 자체의 운영정책은 당장의 결과를 보기 위한 스테로이드 처방으로 하루하루를 연명해 왔다. 그동안의 정부정책은 지금까지 입국하는 외국인과 비즈니스 상황을 면밀히 검토하며 점진적으로 객실 공급을 늘렸어야 했는데, 무면허 의사들로부터 잘못된 병명을 선고받고 난 후 호텔부터 짓고 외국인을 유치하려고 주먹구구식 스테로이드 처방을 받아왔기 때문에 호텔들은 각종 후유증에 시달리고 있다. 즉 환자들의 상태와 발생하는 환자의 규모를 지켜보며 병원을 지었어야 하는데, 병원부터 짓고 환자를 기다리는 꼴이 된 것이다. 이 처방은 즉시 효과를 내는 장점이 있어 많이 활용되었지만, 이제부터는 스테로이드 처방 이후의 후유증과 부작용을 생각하여 조금은 느리지만 부작용이 적은 처방을 장기플랜으로 세워야 한다. 호텔 성장의 원동력인 인적자원과 호텔의 객실을 채울 수 있는 고객인 외국인 관광객과 비즈니스 고객을 늘리는 일에 초점을 맞춰야 한다. 따라서 정부정책은 정확한 수요와 공급을 파악한 후 각종 혜택과 정책을 실행해야 하며, 호텔은 자체적인 운영에서도 당장 수익을 내기 위해 필요한 인재를 내보내며 인건비를 조작해 장부상 수익을 내는 스테로이드 처방은 금해야 한다.

현재 우리는 일시적인 스테로이드 처방이 아닌 자연적인 면역을 통해 호텔을 좀 더 건강하게 만들 수 있는 근본적인 처방이 필요하다. 건강한 호텔을 만들기 위해서는 이제 스테로이드는 더 이상 필요치가 않다.

제 4 장

호텔의 본질을 묻다

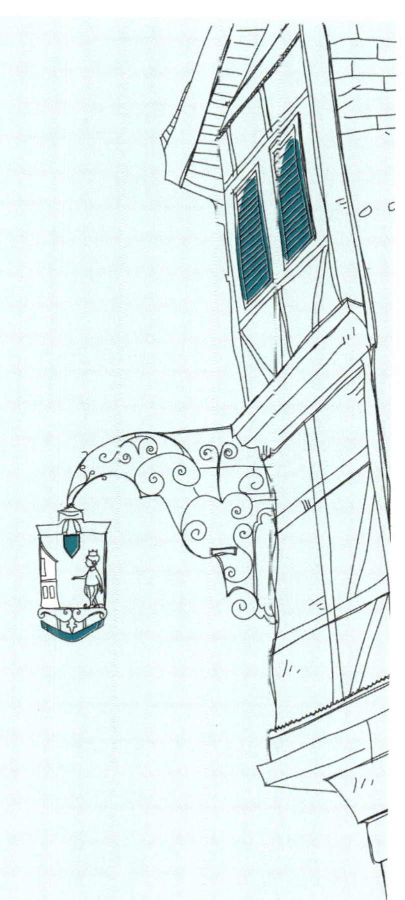

독종호텔이 살아남는다

‘본질’이란 뜻을 사전에서 찾아보면 “사물의 존재를 규정하는 원인”이라고 표현하고 있다. 또 다른 사전에서는 ‘본질’이란 “그것이 그것으로 있기 위해 없어서는 안 되는 것”이라고 표현하고 있다.

본질을 이해하기 위해서는 그것의 ‘규정’ 혹은 ‘정의’라고 하는 단어가 본질을 좀 더 쉽게 이해하는 도움이 될 것 같다. 사람이란 무엇인가, 동물이란 무엇인가 하는 것에 대한 정의는 곧 본질을 이야기하는 것이다.

사람의 존재를 규정하는 원인은 무엇인가? 사람이 사람으로 있기 위해서는 무엇이 있어야 하는가? 사람은 그 형태를 지탱하는 몸과 올바른 생각을 할 수 있는 정신이 있어야 한다. 곧 사람의 본질은 형태인 몸과 정신이 있어야 사람이라고 정의할 수 있다.

조금은 어렵지만 한번쯤은 철학적인 관점으로 접근해 볼만한 이야기이다. 집이라는 것과 동물 그리고 땅, 물, 공기, 음식이라고 하는 본질 혹은 정의를 내리기 위해서는 그것들만이 가지고 있거나 구성을 위해 필수적으로 있어야 하는 것을 알면 호텔이라는 본질을 좀 더 쉽게 이해할 수가 있다. 사물 각각의 특성을 규정하여 정의하면 그것이 곧 본질이 되는 것이다.

호텔에서 본질을 묻다

– 가장 중요한 것 –

얼마 전 모 그룹계열사의 대표로 재직 중인 선배와 미팅을 했다. 호텔 관련 전문적 지식이 없는 분이라 미팅할 때마다 호텔의 시스템 및 생리에 대해 자세한 설명을 한다. 대화 중 우연히 호텔에서 가장 중요한 것(본질)에 대해서도 이야기가 있었다. 선배는 호텔의 형태(건물)만을 호텔의 본질로 알고, 그 호텔이 가지고 있어야 하는 정작 중요한 요소요소에 대해서는 알지를 못했다.

호텔의 '본질' = '정의' = '규정'을 이야기 해보자. 호텔리어들마다 '호텔의 본질'에 대해 다양한 의견들이 있을 수 있지만, 필자는 호텔의 본질을 이야기하기 전 하나의 전제를 명확히 하고 싶다.

호텔이란 '하드웨어를 가지고 있으며 숙식을 위해 사람만이 제공할 수 있는 기본적인 서비스를 제공하는 곳'이다. 즉 '호텔은 사람이 제공하는 서비스가 있는 곳'이라고 정의하고 싶다. 그렇다고 요즘처럼 문명화된 사회에서 기계나 자동화가 된 서비스를 제공하는 곳도 호텔이 아니라고 말할 수는 없지만, 호텔 본연의 본질에서는 벗어나지 않을까 한다. 그래서 무인텔이나 모텔, 콘도 등을 호텔이라고 하지 않는 이유도 여기에 있다.

이들은 다양한 형태의 숙박업에 속한다. 굳이 구분하자면 이들을 넓은 의미의 숙박업이라고 하는 범주에 넣는 편이 더욱 맞는 표현이다. 이들을 숙박업의 한 종류로 분류하지만, 호텔이라고 칭하지 않고 호텔과 구별되는 숙박의 한 부분으로 인식한다. 이들 숙박업에는 인적서비스가 존재하지 않는다. 설령 있다고 하더라도 기본적인 관리의 형태이지 그들로 하여금 고객에게 서비스를 제공하지는 않는다. 즉 호텔에서는 없어서는 안 되는 것이란 사람이고, 호텔은 사람에 의해 제공하는 서비스가 있어야 한다고 말할 수 있다. 그러므로 호텔에서 가장 중요한 것을 말할 때 무엇보다도 형태인 호텔을 움직이는 '사람'을 꼽을 수 있다. 즉 호텔은 '형태가 존재하는 하드웨어를 가지고 있으며 인간만이 제공할 수 있는 인적서비스를 제공'해야 한다. 이러한 측면을 보았을 때 현재의 호텔들은 원초적인 호텔의 본질에서 벗어나 있다.

또 다른 예를 들어보자. 조미료는 맛을 더하기 위해, 자동차는 빠르고 안전하기 위해, 시원한 음료와 아이스크림은 더위를 시원하게 식히는 것이 그들의 본질이다. 청량음료인 포카리 스웨이트나 게토레이는 빠른 갈증 해소를 위해 만들어졌다. 청량음료인 포카리 스웨이트가 자신의 본질을 잊고 사람의 갈증을 빠르게 해소하지 못한다면 그 음료의 본질에서 벗어난 것이다. 두 청량음료가 본질에서 벗어난다면 소비자인 고객은 갈증해소 음료인 포카리 스웨이트나 게토레이를 찾는 대신 얼음이나 시원한 물을 마실 것이다. 또한 자동차가 안전하지 못하고 느리게 간다면 그 본질에서 벗어난 것이다. 자등차가 그 본질을 잊지 않기 위해서 사람들은 자동차의 안전을 보강하며 속도를 높이는 기술을 연구해 왔고 도로를 안전하게 개선시키며 교통법규를 발전시켜 왔다. 옷의 본질은 사람을 추위와 더위에서 보호한다는 본질에서 출발했다. 옷이 사람을 보호하지 못한다면 옷의 본질에서 벗어난 것이다. 그러나 최근에는 보호라는 본질에서 벗어나 멋을 내는 것이 추가되었다. 최근에는 옷 본연의 본질에 디자인적 요소를 가미한 형태의 옷들이 늘어나고 있다. 그렇다고 디자인에 치중한 옷들이 단순히 미적 우월감을 표현하지만은 않는다. 옷이 미적 감각에 치우치고 있지만, 옷 또한 외부의 환경으로부터 사람을 보호한다는 기본적인 본질에 충실하고 있다.

그러나 이러한 본질의 정의에서 최근의 호텔을 브면, 호텔은 호텔의 본질을 벗어나 엉뚱한 방향으로 향하고 있다. 건물은 투숙이라는 항목에는 맞지만 가장 중요한 서비스가 제공되질 않는다. 필자는 이러한 차원에서 꼭 짚고 넘어가야 할 것이 있다고 본다. 만약 인적서비스를 제공하던 호텔들이 높은 인건비를 줄이기 위해 사람을 정리하면서 기계적인 서비스만을 제공한다면, 그것을 진정한 호텔의 본질 속에 포함시켜야 하는지는 다시 한 번 생각해야 한다. 이러한 문제는 앞으로 호텔산업이 지속적으로 풀어가야 할 과제이다.

이처럼 본질에서 벗어나는 호텔의 문제점을 어떻게 해결할 수 있을까? 사회적인 이슈가 되어 호텔 본연의 본질에서 벗어난 행보를 보이고 있는 호텔업은 그 답을 사람과의 성장과 함께 찾아야 한다. 호텔은 일정한 형태의 하드웨어 안에서 고객을 안전하고 편하게 숙박시키는 서비스를 본질로 한다. 호텔은 이 본질에 오래 전부터 충실해왔다. 그러나 최근의 호텔들은 다양한 변화를 꾀하며 호텔의 본질에서 벗어나고 있다. 그리고 그 근본이 되어왔던 인적서비스를 이제는 기계화 · 자동화 서비스로 대체하고 있다. 기계화 · 자동화는 서비스의 한 부분으로 활용해야지, 모든 서비스를 기계에 의존하고 대체하는 것은 호텔 본연의 서비스에서 벗어나는 것이다.

다시 원점으로 돌아가 보자. 호텔 초창기에는 그저 추위를 녹이고 외부의 자연환경으로부터 고객을 보호하려는 원초적인 서비스였다. 그 후 미니바서비스, 셔틀서비스, 룸서비스 등의 부수적인 서비스가 추가되었다. 그렇다고 오래전 호텔과 지금의 호텔서비스가 다르다고 호텔이 아니라고 하지는 않는다. 서비스의 종류가 문제가 아니고 그 서비스를 제공하는 주체가 누구냐 하는 문제만이 남는다. 이러한 서비스란, 재화를 생산하지 않으나 그것을 운반 · 배급 · 판매하거나 생산과 소비에 필요한 노무를 제공하는 일을 의미한다. 즉 인간만이 서비스를 제공할 수가 있다.

호텔은 일종의 장치산업이지만 그 산업을 운영하기 위해서는 사람이 절대적인 영향을 준다. 곧 호텔업의 승패는 사람을 어떻게 운영하고 교육하여 양질의 서비스를 고객에게 제공하는 것이다. 특히 인적자원을 통해 운영하는 산업군은 더더욱 인력에 대한 부분이 중요시 되고 있다. 필자 또한 여러 가지 경험을 통해 인력의 중요함을 실감했다. 동일한 시설과 위치에 있는 호텔이 각기 상이한 실적을 낼 수 있는 것은 바로 사람이 마음먹기에 따라 달라질 수가 있다. 최근의 호텔 오너들은 인적자원의 중요성을 잘 이해하지 못하고 있다. 단순히 건물을 올리고, 가구를 세팅하고, 업장을 오픈하던 모든 것이 순조롭게 돌아간다고 생각한다. 그러나 제아무리 잘 만들어진 호텔도 사람의 노력여하에 따라 실적이 극명하게 차이가 난다.

최근 사람에게 투자하지 않는 호텔, 호텔의 본질에 벗어나는 호텔들이 늘어나고 있다. 그러나 고객들은 서비스에 민감하다. 고객은 제공되는 서비스가 변할 경우 누구보다도 빨리 감지한다. 이익만을 추구하는 건물주들은 이러한 시스템을 이해하지 못하고 호텔을 쉽게 운영하려 한다. 그들에게 있어 호텔의 본질인 인력은 논외의 대상일 수밖에 없다. 사람에게 서비스를 제공하는 곳에서 서비스의 주체인 사람에게 투자를 하지 않으니 자연스럽게 호텔의 수준이 떨어질 수밖에 없음을 투자자는 알아야 한다.

레고의 본질에 관한 이야기

본질에서 벗어난 것은 최근 호텔만의 일이 아니다. 다양한 국적의 다양한 기업들, 그리고 다양한 분야에서 본질에 벗어나 기업의 흥망이 갈리는 경우를 우리는 목격할 수 있다. 이것은 비단 호텔이나 한국의 기업들만의 문제가 아니다.

기업이 지속적으로 존재할 수 있는 방법은 여러 가지 경우가 있다. 그 중 하나는 자신의 전통과 본질을 살려 꾸준히 기업을 발전시켜 나가는 경우이다. 그렇다고 전통만을 고집하여 다른 것을 받아들이지 않고 폐쇄적인 집단으로 변화하라는 것은 아니다. 자신의 본질에는 충실하되, 본질을 훼손하지 않는 범위에서 다양한 기술과 문화를 받아들여 자신의 것과 함께 성장할 수 있도록 노력해야 한다는 것이다. 자칫 자신의 오래된 것만을 고집하여 운영하다가는 하루하루 변하는 현재의 상황에 맞추지 못하고 회사가 없어질 수도 있다. 그래서 자신들의 본질을 지키는 것이 그만큼 중요하고 어려운 일이다.

본질에 대해서 이야기할 때 빼놓을 수 없는 것이 장인정신이다. 그 중에서도 오랫동안 자신의 것을 지키며 계승발전 시켜온 일본의 장인정신은 한국의 장인정신 만큼이나 뛰어나다. 수백 년 동안 자신의 것을 지키며 계승해온 일본의 장인정신은 그들에게는 매우 특별하다. 그들은 가업을 자신의 아들과 손자에게 계승하며 가문을 지키고 기업을 이어가고 있다. 특히 그들이 이어온 가업의 기업문화는 현재의 일본을 경제대국으로 이끌어온 저력이 아닐 수 없다. 일본은 그들 조상이 이어온 가업을 중시하여 수십, 수백 년간 발전시켜 왔다. 대기업에 다니는 아들이 회사를 그만두고 할아버지에서 아버지로 내려오는 동네의 작은 구멍가게를 이어받아 운영한다. 우리가 생각하면 도저히 있을 수 없는 일이다. 그러나 일본은 그만큼 가업을 중시하는 문화가 가능하기 때문에, 100년 이상을 이어온 기업들이 무수히 많다. 그러기에 그 기술과 정신도 강할 수밖에 없다 이러한 장인정신과 가업정신이 있어 지금의 일본을 세계적인 기술국가로 만든 것이다. 시대가 빠르게 변화하고 있지만 그들은 자신들의 가장 큰 무기인 장인정신을 지키기 위해 개인과 국가에서 노력하고 있다.

이처럼 자신이 강점인 본질을 살리며 기업을 이어가는 것은 어려운 일이다. 자칫 남이 성장하고 남이 잘 나간다고 하여 자신의 본질에 벗어난 행동과 운영을 하여 개인이나 회사가 흔적도 없이 사라지는 경우는 심심치 않게 목격된다. '레고'의 성장 과정은 이러한 본질에 딱 들어맞는 예이다. 목공소에서 근무하며 목재 일을 하던 한 아버지가 자신의 아들이 쉽게 장난감을 가지고 놀 수 있게 나무로 된 조립식 장난감을 만들어 준 것에서부터 시작된 이 레고의 본질은 아이들에게 쉽게 조립이 가능한 블록식 장난감을 제공하는 것이다.

그러나 이러한 확고한 시장성을 가지고 있는 레고도 한때 회사의 힘든 시기를 겪기도 했다. 레고를 가지고 놀던 아이들이 인터넷 게임이 보급되어 찾지 않게 되면서 고전하기도 했다. 이는 나이키의 경쟁자는 타 운동화 회사가 아닌 닌텐도나 소니인 것처럼, 시대가 급속도록 바뀜에 따라 필연적으로 겪을 수밖에 없는 일이었다. 그러나 레고는 이러한 상황을 잘못된 곳에서 해결하려 했다. 레고의 본질을 버리고 다른 곳에서 찾으려 했다. 그들은 본질과 동떨어진 전혀 다른 새로운 사업을 확장함으로써 그 해결점을 찾고자 했다. 그리고 디자인에 문제가 있다고 판단하여, 디자이너를 젊고 유능한 사람으로 교체했다. 그럼에도 몇 년간 연속적인 영업부진에서 헤어나지 못하던 레고는 그들의 본질에 대해 다시 한 번 생각하게 되었고, 새로이 회사의 운영 방법을 그들만이 가진 독특한 본질에서 찾게 되었다. 그들은 새로운 사업을 정리하면서 다시금 디자인을 그들의 본질에 맞게 변화시키고, 레고 마니아들이 그들의 제품을 왜 찾는지를 분석하여 원래의 레고로 회귀하여 충실히 운영했다. 그들은 과도한 모양의 레고 부품을, 어린이들이 가지고 놀 수 있게 단순화하고 디자인을 바꿨다.

김형태 교수는 그의 책에서 이렇게 말했다.

"레고의 원형은 손으로 직접 블록을 조립해 만드는 물리적 블록 쌓기에 있다. 컴퓨터 가상공간에서 마우스를 이용해 블록을 쌓는 것과는 본질적으로 다르다. 손에 잡히는 것은 단순한 모양의 블록이지만, 단순함으로써 시작해 가장 복잡한 형태로 무한히 확장될 수 있다는 것이 레고의 본질이다."

레고는 우리의 어린 시절부터 늘 함께 해온 기업이다. 필자가 성장할 때도 필자의 자식들이 성장할 때도 그리고 레고가 레고 본연의 본질을 잊지 않는 한 필자의 손자손녀가 성장할 때도 레고라는 기업은 성장을 멈추지 않고 존재할 것이다.

호텔의 경우도 레고처럼 호텔 본연에 충실해야 한다. 레고가 다른 산업을 확장하고 서비스를 확장하는 오류를 범한 것을 본보기삼아, 호텔도 서비스사업이 아닌 외적인 것에 매달리기보다는 호텔서비스의 본질인 인적서비스에 충실한 후 추가적인 호텔서비스 개발에 힘쓴다면 레고와 같이 지속가능한 기업으로 살아남을 수 있다.

열쇠수리공의 서비스에 대한 가치

고객들은 자신이 지불한 금액에 맞는 서비스를 원한다. 서비스가 자신이 지불한 비용대비 부족하다고 느낀다면, 만족도가 떨어지고 심하면 불만까지도 토로한다.

음식점에 고객에게 제공하는 서비스의 기본은 맛이다. 음식점을 찾는 고객들은 음식의 맛에 만족하면 자신의 지갑을 기꺼이 활짝 열어 비용을 지불한다. 어느 유명한 식당을 찾은 고객은 음식가격을 보고 놀란다. 그러나 자신이 먹은 음식에 만족을 느낀다면 과감히 지갑을 열고 돈을 지불한다. 심지어 직원에게 팁까지 주고 가는 고객도 있다. 빠른 인터넷 연결을 원하는 고객이 만족하지 못하는 이유는, 고객이 원하는 스피드를 제공하지 못해서이다. 그러므로 호텔에서 고객에게 제공되는 서비스도 고객이 무엇을 원하는지를 정확히 파악해야 한다. 고객이 만족하지 못하는 서비스는 무의미하다. 잠시 댄 애리얼 리가 그의 책에서 논한 '열쇠수리공'의 이야기를 해보자.

"고객들은 열쇠수리공이 닫힌 자신의 현관문을 개방해주고 받아가는 돈에 대해 불공평하다고 생각한다. 그들은 열쇠수리공이 잠긴 자신의 현관문을 여는데 단 몇 분, 몇 초 만에 여는 것을 보고 자신이 지불하는 비용이 너무 과하다고 생각한다. 고객은 현관문을 여는 것에 대해서는 만족해 하지만, 수리공이 눈 깜짝할 사이에 그것도 너무 쉽게 문을 여는 것을 보고는 그 비용이 과하다고 생각한다."

고객은 열쇠수리공의 기술을 인정하기보다는 너무나도 쉽게 자신의 현관문을 개방하는 것을 보고 지불되는 비용이 아깝다는 것이다. 만일 열쇠수리공이 단 몇 분 만에 현관문을 열지 못하고, 일부러 시간을 수십 분을 끌며 끙끙댄 후 문을 개방했다면 어떠했을까? 고객들은 미안한 마음에 열쇠수리공의 수고에 감사 인사를 전하며 팁까지 얹어주었을 것이다. 수리공은 몇 분 만에 열쇠를 열기 위해 오랜 시간동안 수없이 많은 열쇠를 수리하고 여는 연습을 했을 것이다. 그리고 그 결과 지금은 단 몇 분 만에 문을 열 수 있는 기술을 갖게 된 것이다.

이것은 호텔리어와 열쇠수리공의 공통점이다. 호텔리어들도 수없이 많은 시간을 고객을 상대하며 최상의 서비스를 제공하는 노하우를 터득했다. 그러나 고객들이 열쇠수리공의 기술에 대한 가치를 쉽게 인정하지 못하듯, 호텔의 서비스에 대한 가치드 쉽게 이해하지 못하는 경우가 있다. 호텔 레스토랑의 서비스와 가격에 대한 괴티에서 나오는 불만족이다. 호텔 레스토랑 음식은 외부 레스토랑에 비해 상대적으로 높은 가격이 책정되어 있다. 그러나 고객들은 이러한 호텔 음식이 비싼 이유에 대해 쉽게 이해하려 하지 않는다. 호텔의 음식이 비쌀 수밖에 없는 이유는 무수히 많다.

호텔은 기본적으로 비싼 땅에 위치하고 있어 임대비용을 계산해야 한다. 일반 레스토랑은 임차비용이 시세대로 책정되지만, 호텔의 경우는 일반 건물에 비해 임차료 자체가 비쌀 수밖에 없다. 고객들은 이러한 임차비용에 대한 생각을 하려 하지 않는다. 그리고 일반 레스토랑의 재료에 비해 호텔에서 고객들에게 제공되는 식재료는 좀 더 친환경적이고 재료 구매 시 엄격한 관리 하에 구매하며 가격도 상대적으로 높다. 또한 가장 중요한 것은 근무하는 직원들의 인력 비용이다. 호텔 레스토랑은 집주위의 허름한 중식당이나 백반집처럼 일반 아르바이트를 채용하질 않는다. 최소한 학교에서 체계적인 서비스교육을 받은 직원을 채용하여 꾸준히 교육시키며 운영하기 때문에 그만큼 인적자원이 우수할 수밖에 없다.

다양한 투자비용과 인력구성, 그리고 운영방식이 다르니 당연히 호텔의 음식값이 일반 레스토랑의 가격에 비해 비쌀 수밖에 없다. 그러나 대부분의 고객들은 이러한 요인에 의해 가격이 비싸게 제공되는 이유에 대해 쉽게 납득하려 하질 않는다. 단순히 싼 것을 선호하는 심리가 있는 것이다. 또 다른 관점의 본질에 대해 좀 더 깊이 있는 이야기를 해보자. H기업의 오상현 상무는 본질에 대해서 이렇게 이야기한다.

“본질은 그 물건의 최우선의 쓰임이다. 그러나 최근에는 그 물건의 본질만을 고집하기란 쉽지 않다. 타이어의 예를 들어보자. 타이어가 자동차를 안전하게 운행할 수 있게 하는 역할이 타이어 본연의 본질이었다면, 이제는 타이어가 단순히 바퀴만의 본질에서 벗어나 서비스가 가미되어야 한다. 타이어를 단순히 자동차의 한 부속품 정도로만 생각하여 생산한다면, 예전과 달리 팔리지 않을 뿐더러 소비자에게 외면을 받는다. 그래서 기존 타이어의 본질에 서비스라는 가치를 추가해야만 된다."

그는 특정 물건을 이제는 물건이 가지고 있는 고유한 본질만으로 고객들에게 어필하기가 어렵다고 말한다. 그 물건의 본질에 충실하되 그 특정 물건의 기본적인 본질에 호텔이 추구하고 있는 서비스라는 가치를 더해야 된다고 말한다. 그렇다고 그 물건이 가지고 있는 본연의 본질이 변하는 것은 아니다.

달리 생각해보면 열쇠수리공은 망가진 고객의 현관문을 고치는 단순한 작업인 본질만을 수행했기에 고객은 열쇠수리공의 서비스에 만족을 하지 못한 것이다. 열쇠수리공이 망가진 문을 열기 위해 부가적인 서비스를 제공했다면 고객은 더욱 그 본질에 감동을 받아 추가적인 비용까지도 지불했을 것이다. 이제는 모든 것들이 본질에 충실함과 동시에, 호텔에서 추구하는 서비스를 가미해야 한다.

셀프서비스도 서비스인가?

필자는 셀프서비스Self Service라는 단어를 유독 싫어한다. 직업이 서비스를 제공하는 업종이라 더욱 셀프서비스에 대해 민감한 감정을 가지고 있다. 서비스란, 반드시 사람이 제공해야만 한다는 고정관념을 가지고 있어서, 당연히 서비스를 받아야 할 대상인 고객이 서비스를 직접 행한다는 것에 부정적일 수밖에 없다. 그래서인지 셀프서비스란 단어에 대해 더욱 거부감을 갖는다.

셀프서비스의 사전적 의미는 "서비스의 일부를 손님이 스스로 하는 방식"을 의미하고 있다. 그러나 필자가 싫어하는 셀프서비스란 단어는 우리의 일상생활에 너무나도 많이 보편화되어 이미 친숙한 단어가 되었다. 일상생활 중 어느 곳을 가더라도 셀프서비스를 하지 않는 곳이 없을 정도로 보편화되었다.

이제는 음료를 마시기 위해 가까운 커피숍을 가더라도 셀프서비스를 해야 한다. 자신이 돈을 내면서도 정작 필요한 서비스를 받지 못하고 자신이 직접 음료수를 나르고 치우는 행위를 해야만 한다. 또 다른 셀프서비스의 예를 보자. 가족과 함께 주말여행을 준비하기 위해 필히 체크해야 할 사항 중 하나가 자동차의 상태이다. 가족의 안전을 위해서는 주기적으로 정비소에서 자동차의 상태를 점검받아야 한다. 그리고 기름이 충분히 보충되어 있는지도 체크해야 한다. 그런데 정비소나 주유소를 찾다보면 셀프정비, 셀프주유라 쓰인 업소를 쉽게 볼 수가 있다. 그러나 필자는 아무리 급해도 셀프주유소를 가질 않는다. 자동차의 주유계가 경종을 울리며 기름이 없음을 알리지만, 기름이 동나기 전까지 차를 끌고 일반주유소를 찾아간다. 왜 쓸데없는 고집이냐고 할 수도 있지만 정당한 내 권리를 요구하고 싶어서이다. 그러나 심야에 부득이하게 기름을 넣어야 할 상황에는 어쩔 수 없이 셀프주유소를 이용하지만, 기분이 썩 좋지만은 않다. 식당을 가더라도 웬만한 식당에서는 셀프서비스라고 쓰인 곳이 많다. 이를 모르고 괜히 종업원에게 물과 반찬을 요구했다가는 "직접 가져다 드시면 됩니다."라는 퉁명스러운 대답을 듣는다.

그렇다면 서비스를 해야만 하는 호텔에 셀프서비스란 말은 도대체 어떻게 생겨났을까? 최근에는 호텔에서도 셀프서비스를 하는 곳이 늘어나고 있다. 이제는 서비스 산업의 정점에 있는 호텔에서조차 셀프서비스를 하고 있다니 놀라지 않을 수가 없다. 물론 셀프서비스의 장점도 많다.

첫째로는 자신이 직접 서비스를 하다 보니 일단은 빠르다, 종업원에게 일일이 주문을 할 필요도 없다, 필요한 것은 자신이 직접 가져오면 된다. 그러므로 기다리는 시간이 필요 없고 빠를 수밖에 없다. 두 번째는 일반 업소에 비해 가격이 상대적으로 저렴하다. 고객에게 서비스를 제공하는 인력이 없다보니 업주는 인건비를 아낄 수 있고 가격을 인하할 수 있는 여유가 생긴다. 고객은 그에 상응하는 가격적인 혜택을 누릴 수가 있다.

다시 호텔 본연의 서비스로 되돌아 가보자. 과연 호텔에서 제공하는 셀프서비스에 '서비스란 단어를 사용해도 되는가'라는 우매한 질문을 해본다. 호텔에서는 고객이나 남을 위해 자신이 가지고 있는 것을 봉사해야 하는데, 이제는 정당한 돈을 지불하고도 정작 자신이 자신에게 서비스를 제공하고 받아야 한다. 이를 셀프라는 단어 하나를 붙임으로써 서비스라는 포장을 해도 되는지?

필자는 이를 셀프서비스가 아닌 불친절이라고 칭하고 싶다. 서비스는 너무나도 선하고 고귀한 것이다. 우리가 하는 서비스를 단순히 돈과 연관된 의미로 인식한다면 서비스는 그 의미를 잃을 수밖에 없다. 다른 산업에서는 셀프서비스란 말이 통용될 수 있겠지만, 호텔에서는 셀프서비스란 있을 수가 없다. 그러나 현실적으로 호텔의 셀프서비스도 보편화되는 시대가 되고 있다는 점이 아쉽기만 하다.

벽돌공이 된 호텔리어

인생을 조금 더 살아온 그리고 먼저 호텔리어가 된 업계의 선배로써 강의시간마다 학생들에게 자신 있게 하는 말이 있다. "여러분은 자신이 하고 싶은 것을 하며 인생을 후회 없이 사서요." 그러나 수업을 마치고 현실인 호텔 현장으로 돌아온 필자는 오늘 학생들에게 강의한 이야기가 과연 나에게도, 현장에서도 동일하게 적용되어 실천되고 있는지를 자문한다.

필자는 지금껏 호텔리어를 평생 천직으로 생각해 왔다. 그리고 뼛속까지 호텔리어임을 자부해 왔다. 그러나 이러한 자긍심과는 반대로 현장에서는 호텔리어로서의 한계도 경험한다. 그래서 가끔은 호텔리어가 아닌 다른 직업을 찾아보려는 노력도 해봤다. 나이가 오십이 훌쩍 넘은 지금도 내가 가장 좋아하는 일이 무엇인가를 찾고 있다. 그래서 호텔과 연관된 책을 쓰기도 하고, 학교에서 강의를 하기도 하고, 때로는 일반 기업을 대상으로 자문을 하기도 한다.

직장인들은 현재 자신이 하고 있는 일을 통해 급여를 받고 그 급여로 생계를 이어가기 때문에, 이 일을 자신이 좋아서 평생 하는 천직이라고 생각하기보다는 생계의 수단으로 생각하는 사람들이 많다.

때문에 많은 직장인들이 고민을 한다. 이러한 직업과 관련된 고민에 대해 다시 한 번 생각할 수 있게 하는 벽돌공 이야기가 있다.

길을 지나가던 사람이 돌을 쌓고 있는 세 명이 벽돌공에게 물었다.

"지금 무엇을 하고 있나요?"

첫 번째 벽돌공이 이야기했다.

"보면 모르나요? 지금 벽돌을 쌓고 있지 않소."

두 번째 벽돌공이 대답을 했다.

"나는 지금 교회를 짓고 있소."

세 번째 벽돌공이 웃으며 이렇게 대답을 했다.

"나는 지금 내손으로 하느님의 성전을 쌓고 있어요."

세 명의 벽돌공들은 각기 다른 마음가짐으로 동일한 행위인 벽돌을 쌓는다. 그들이 쌓는 벽돌은 모두가 같은 것 같지만, 세 명의 벽돌공의 마음에 따라 다른 것을 쌓고 있다. 벽돌공들의 벽돌 쌓는 행위는 우리에게 현재의 직업에 대해 다시 한 번 생각케 한다.

펜실베니아의 심리학과 교수인 안젤라 더크워스 교수는 그의 연구에서 조사대상의 대부분의 사람들이 자신이 하고 있는 일이 천직이라고 여기는 사람이 절반에도 미치지 못했다고 했다.

'직업 / 천직' 어느 쪽이 내 모습일까?

어느 병이 든 환자는 매번 새로운 상황에서 자신의 운명을 맞이한다. 갑작스럽게 찾아온 병마와 싸우며 불안감을 갖는다. 그러다가 의사와 간호사의 진심어린 응원의 말 한 마디로 인해 심적인 안정을 찾고 육체적 고통을 이겨내어 완쾌되기도 한다. 이런 의사와 간호사의 진심어린 보살핌은 환자들의 치료에 분명 효과가 있다. 물론 병을 고치는 일은 심리적인 안정이 아닌 정확한 진단과 의료 행위가 기본이 되어야 하지만, 진찰이나 치료 과정에서 중요한 것은 이것을 행하는 (벽돌을 쌓는 행위) 의사, 간호사의 개입(마음가짐)이 중요하다. 단순히 의료 행위를 할 수 있는 의료기관만으로는 병을 치료를 할 수가 없다. 그래서 병원에는 의사, 간호사가 존재하는 것이다.

호텔에서도 의사, 간호사와 같은 존재가 있다면 바로 호텔리어들이다. 호텔에 멋지게 꾸며진 객실과 레스토랑, 그리고 최신의 시설만 있고 정성으로 벽돌을 쌓는 호텔리어들이 없다면 고객들이 과연 만족해할까? 이처럼 호텔에는 벽돌공과 같은 호텔리어들이 고객에게 서비스를 제공함으로써 고객은 더욱 큰 만족감을 얻는다. 필자 또한 호텔리어로서 존재하는 이유는, 필자의 직업을 통해 다른 사람이 보다 행복하고 즐거운 여행을 경험하는 것에 보람을 느끼기 때문이다.

만약 당신이 이 책을 읽고 있는 독자라면 읽고 있던 책을 잠시 내려놓고, 나는 과연 세 명의 벽돌공 중 몇 번째 벽돌공인가?를 자문해 보길 권한다. 오늘도 필자는 아픈 환자를 진심어린 마음으로 치료하는 의사, 간호사처럼 성전을 쌓는 벽돌공의 마음으로 고객들에게 최선의 서비스를 제공하고 있다.

서비스 천재들이 모인 호텔

얼마 전까지만 해도 한국인을 친절함과는 거리가 먼 무뚝뚝하고 불친절한 사람들이라고 했다. 하지만 지금은 자신보다도 남을 위해 봉사하는 성숙된 의식을 가지고 있는 사람들이 많아졌다. 물론 아직도 지하철이나 공공장소에서 자신의 편의만을 위해 큰소리로 이야기하거나, 핸드폰 통화를 하거나, 남을 배려하지 않고 담배를 피우는 모습 등도 종종 보이지만, 지하철역에서 목적지를 몰라 어찌할 줄 몰라 하는 사람들에게 길을 알려주거나, 무거운 가방을 끌며 힘겹게 계단을 오르는 어르신의 가방을 들어주는 일, 출구를 몰라 당황해 하는 외국인에게 친절하게 길을 안내하는 모습을 볼 수가 있다.

그러나 대다수의 사람들은 길을 헤매는 외국인이나 몸이 불편한 어르신을 보고도 선뜻 도와주질 못한다. 남을 도와주고 싶어도 왠지 다른 사람의 시선이 부담되고, 바쁜 출근길에 자신의 시간을 내서 남을 도와줄 정도로 아침시간이 여유롭지 못하기 때문이다. 그러나 이러한 친절을 베푸는 것은 반드시 여유가 있다고 해서 가능한 것은 아니다. 어느 정도 기본적인 친절 마인드와 남을 배려하는 습관이 일상화되어 있어야 가능한 일이다.

어느 심리학자는 “행복지수는 일주일에 두 시간씩 꾸준히 봉사활동을 하면, 봉사를 하지 않은 일반인에 비해 월등히 높아진다.”고 말한다. 그만큼 남을 위해 봉사한다는 것은 자신의 삶의 질도 함께 높이기 때문에, 사람들은 바쁜 시간 중에도 남을 위해 봉사활동에 참여한다. 이들은 다른 사람들에게 친절을 아무런 보상 없이 베풀 줄 아는 이타주의가 은연중에 익숙해진 사람들이다.

사전에서 천재天才, genius라는 단어를 찾아보면, “보통 사람에 비해 어떤 영역에서든지 선천적으로 뛰어난 정신 능력을 가지고 있는 사람이나 언어, 수학, 과학, 철학, 예술과 같은 영역에서 창조성을 발휘하는 사람”을 의미한다. 이들은 한 분야, 혹은 여러 분야에서 두각을 나타낸다. 이러한 천재는 뛰어난 지적 능력으로 한 영역에서 대가가 되거나 미지의 영역을 개척하면서 위대한 업적을 남긴다. 이런 천재들은 다양한 분야에서 각자의 능력을 보통사람 이상으로 발휘하는 경우가 많다. 이들 천재들 중 일부는 타고난 천재성을 가지고 있는 사람도 있지만, 후천적인 노력에 의해 천재성을 가지게 된 사람들도 있다.

영국 택시기사들은 길 찾기에 천재적 능력을 가지고 있다고 한다. 이들은 미로처럼 얽혀있는 시내도로를 빠짐없이 암기하고 안내하는 능력, 도로가 막히면 웬만한 내비게이션보다도 빨리 시간을 단축하여 목적지에 도착할 수 있는 능력을 가지고 있어 고객들에게 봉사하고 있다.

호텔에도 일반인들이 하기 어려운 친절을 늘상 제공하는 서비스 천재들이 존재한다. 이들은 남들이 어려워하고 한 번 하기도 쉽지 않은 서비스를 고객들에게 항상 제공한다. 이들 호텔리어들은 평소 삶 자체가 남들에게 봉사하는 일을 업으로 삼고 기본적으로 친절이 몸에 밴 사람들이다. 그렇다고 모든 호텔리어들이 남들보다 행복지수도 월등히 높지는 않다. 그만큼 남을 위해 봉사하고 서비스를 제공한다는 것이 어렵고 고된 일이다. 때문에 호텔리어란 직업을 가지려면 남들보다 친절하고 천성적으로 서비스에 대한 마인드가 확고하지 않으면 쉽지 않은 직업이 될 수도 있다.

그들은 남들에게 자신의 친절을 제공하는데 즐거움을 얻는 사람들이다. 그들은 고객의 눈빛만 봐도 고객이 무엇을 원하는지, 지금 무엇이 불편한지를 금방 알 수가 있어 항시 고객과 아이컨택을 하며 원하는 것을 빨리 처리한다. 어쩌면 고객 당사자보다도 훨씬 빨리 고객이 원하는 것을 알아낼지도 모른다. 호텔에 이러한 서비스천재들이 없다면 고객들은 호텔을 이용하면서 불편한 시간을 보내야 한다. 이들은 음지에서 고객을 대응하며 고객들을 호텔에서 즐거운 추억을 만들 수 있게끔 24시간 노력하고 있다. 이러한 서비스천재들이 모인 호텔은 항시 고객에게 서비스를 제공할 준비를 하며 고객들을 기다리고 있다.

최초가 아닌 최고의 호텔

- 세계 최초의 호텔
- 세계 최초의 증기기관차
- 세계 최초의 금속활자
- 세계 최초의 우주비행사

이처럼 '최초'가 주는 의미는 세계사 기록에 남을 정도로 강력한 의미를 지니고 있다. 그러나 최초라는 것은 시간상의 문제이며, 종이에 기록으로 남아서 보기에는 좋을지언정 그 이상의 발전적인 의미로 남지는 못한다. 그저 활자가 없어지지 않는 이상 발전보다는 영원한 기록(변화지 않는 진리)으로 남게 된다. 앞에 나열한 몇몇 수식어처럼 수백 년이 지나도 '최초의 ○○'라는 기록은 역사에 남기 때문이다.

그러나 최초라는 의미보다 더욱 강력한 의미를 지닌 단어가 있다. '최고'라는 단어이다. 이 최고라는 단어의 의미는 최초가 주는 의미와는 비교도 안 될 정도로 더욱 강력하다. 최고는 말 그대로 그 위와 아래에 아무도 없음을 의미한다. 최고는 유아독존의 의미이지만, 더불어 최고라는 의미는 항시 변화할 수가 있는 유동적인 의미를 담고 있다.

최초의 의미는 죽어서 박재가 된 사자와 같다면, 최고가 주는 의미는 살아 숨 쉬고 있는 역동적인 사자와도 같다. 그래서 최고는 늘 움직이고 변화하며 발전한다. 오늘 최고의 위치에 올랐지만 또 다른 강자가 나타나면 최고의 자리는 내주고, 또다시 최고의 자리를 향해 새롭게 도전해야 한다. 이렇듯 최고는 늘 좋은 쪽으로 경쟁을 하며 발전적인 쪽으로 이끌어준다. 그래서 필자도 최초라는 정지되고 단절된 의미보다는, 늘 변화할 수 있는 최고라는 단어를 좋아한다.

최초라는 단어는 오랜 시간이 지나도 변함이 없다. 우리가 죽고 수천 년이 지난 뒤에도 언제나 최초의 자리를 지키고 있다. 이러한 수식어가 붙었다고 해서 현재에 만족해서는 안 된다. 일부 산업에서는 오래될수록 빛이 더 나는 경우가 있다. 오래될수록 깊이가 더해지는 상품도 있지만, 서비스업에서는 최초라는 수식어가 호텔 품질을 개런티 해주지는 않는다. 그래서 최고라는 수식어가 중요해진다. 최초라는 것은 지금 이 시간이 지나면 어느새 옛것이 된다. 그래서 최초라는 수식어는 쉽게 붙여질 수 있고 기억 속에서 멀어진다. 그러나 최고라는 수식어는 쉽게 붙일 수가 없다. 그래서 그 값어치가 더욱 귀중하다. 그리고 항시 변화하는 새로운 의미를 담는다.

최초라는 수식어는 한 번 붙여지게 되면 노력을 하지 않아도 평생동안 유지할 수 있지만, 최고는 무단히 노력을 하지 않으면 유지될 수 없다. 성공에 도취하여 최초만을 고집하다가 나락으로 떨어진 대표적 기업인 '노키아'를 보더라도 최초가 아닌 최고의 중요성을 다시금 일깨우게 한다.

'애플'을 보자. 애플은 최초라는 수식어가 있는 기업이지만, 한편으로는 최고의 수식어가 더욱 익숙한 브랜드 회사이다. 그들은 최초란 단어보다 최고라는 단어를 주로 사용함으로써 그들이 계속해서 변화하고 발전되고 있음을 증명하고 있다. 이 애플은 최초의 스마트폰을 개발했다. 그러나 애플은 최초보다 최고를 지향해 왔다. 최고의 모바일 회사, 최고의 IT회사인 애플은 21세기 실리콘 밸리를 대표하는 하드웨어, 소프트웨어, 온라인서비스를 설계, 개발, 제조, 판매하는 최고의 회사가 되었다. 최초라는 수식어는 한번 붙여지게 되면 노력을 하지 않더라도 평생 동안 유지할 수 있지만 최고는 무단히 노력을 하지 않으면 유지될 수 없다.

성공에 도취하여 최초만을 고집하다가 나락으로 떨어진 대표적인 기업인 노키아를 보더라고 최초가 아닌 최고의 중요성을 다시금 일깨우게 한다. 애플의 아이폰이 출시되기 전까지 만해도 세계시장을 지배해 왔던 핸드폰 회사 '노키아'는 성공에 안주한 나머지 후발업체들의 경쟁과 추격에 맥을 못추고 나락의 길을 걷게 되었다. 노키아는 1990년 중반까지만 해도 휴대전화에서 독보적인 위치를 유지하고 있었다. 후발업체들은 노키아를 첫 번째의 타깃으로 어마어다한 자금을 투자하며 새로운 기술을 개발하고 연구했다. 그리고 그 결과는 2007년 애플의 아이폰이 출시되면서 노키아라는 거대한 배는 점차 침몰하기 시작했다. 노키아는 기존의 성공에 도취하여 애플과 삼성이라는 핸드폰회사가 맹렬히 추격하는 것을 간과했다.

호텔업도 최초라는 단어에 도취되어 최고의 회사가 되려는 생각을 잊고 미래를 준비하지 않는다면, 지금의 노키아와 같이 침몰의 시간을 겪으며 옛 시절을 그리워하는 신세로 전락할 것이다. 호텔은 최초라는 수식어가 아닌 최고의 수식어가 더욱 필요한 산업이다. 지금이야말로 최초에서 벗어나 최고로 도약해야 하는 시기이다. 현재의 호텔들은 최초라는 달콤함에 도취되어 최고가 되기 위한 노력을 게을리하고 있다. 이제 고객들은 최초란 수식어보다 최고의 수식어가 붙은 호텔을 선호한다.

우리는 최초가 아닌 최고의 호텔이 되어야 한다.

호텔은 무엇으로 성장하는가?

지구상에 태어난 모든 생명체는 성장을 한다. 성장을 하지 않는 생명체는 죽어 있는 물건과 별반 다르지 않다. 그것은 생명이라 칭하기보다는 단지 물건에 지나지 않는다. 성장하지 않는 물건에는 생명이 없다. 성장하지 않는 물건은 성장에 필요한 필수적인 요소인 물도 공기도 기초적인 양분도 필요가 없다. 단지 그곳에 정지되어 머무는 존재에 지나지 않는다.

농부가 기르는 야채도 물과 햇빛과 같은 기본적인 양분이 필요하다. 그리고 식물을 잘 자라게 해주는 각종 퇴비와 키우는 사람의 정성이 필요하다. 농부는 작물이 잘 자랄 수 있게 음악을 들려주기도 하며 때때로 식물과 대화를 하기도 한다. 이러한 방법은 식물을 더 잘 자라게 하며 외부환경에서 다른 생물들보다도 더욱 강하게 만든다.

최근에는 작물이 병충해 없이 더욱 잘 자라게 작물에 아침저녁으로 음악을 틀어주는 농사법도 인기가 있다. 식물의 성장에 도움이 되는 음악을 아침부터 틀어주면 식물의 성장속도와 수확이 늘어난다고 한다. 또한 식물을 동일한 환경에서 키우더라도 키우는 사람의 정성과 관심이 식물을 각기 다르게 성장시킨다고 한다.

한국농촌진흥청에서도 식물에게 그린음악을 틀어주면 성장과 수확량도 늘어난다는 연구결과를 발표했다. 그렇다고 모든 식물들이 동일한 음악을 좋아하는 것은 아니다. 또한 무조건 음악을 들려준다고 성장이 잘되는 것이 아니라, 식물마다 자신이 좋아하는 음악이 있어 그 식물의 상태에 맞는 음악을 들려주면 좋은 성장을 한다.

동일한 벼에게 다양한 음악을 들려주면 음악에 따라 성장속도가 달라진다고 한다. 하나는 클래식 곡을, 하나는 락을, 그리고 하나는 아무런 음악도 들려주지 않았다. 결과는 클래식음악을 들려준 벼에게서 가장 많은 성장과 수확을 얻었으며, 그리고 아무런 음악을 들려주지 않은 벼가 그 다음으로 많은 수확을, 마지막으로 락 음악을 들려준 벼는 성장이 제대로 되질 않고 열매도 거의 달리지 않았다고 한다. 이처럼 식물들도 음악의 유 · 무와 음악의 종류에 따라 성장에 차이를 보인다. 이러한 결과는 비단 식물에서만 적용되지 않는다.

『물은 답을 알고 있다』의 저자인 에모토 마사루는 물의 빙결결정에 관한 연구를 진행하는 과정에서 "물의 빙결결정에 중대한 영향을 주는 것은 바로 관심, 즉 말과 글씨, 음악이 영향을 준다."고 했다. 그는 연구를 통해 '고맙습니다', '정말 예뻐요', '사랑', '감사', '행복' 등의 좋은 말을 물에게 보여주거나 들려주면 그 물은 각기 다른 아름다운 결정의 모습을 띤다고 한다. 그러나 반대로 나쁜 의미의 '안돼', '싫어', '멸망', '전쟁' 등의 말을 하거나 보여주면 물의 결정은 어둡고 날카로운 미완의 모습을 나타낸다고 했다. 그는 그의 연구를 통해 물도 생명을 가진 존재라고 말한다.

그렇다면 호텔은 무엇으로 성장하는가? 호텔도 들판에 익어가는 벼나 에모토 마사루가 연구한 물처럼 고객의 칭찬과 관심, 그리고 애정에 의해 성장을 한다. 칭찬이 고래를 춤추게 하듯, 고객의 칭찬은 직원을 춤추게 하며 이는 서비스의 향상을 가져온다. 체크인을 하며 빨리 키를 달라고 재촉하며 직원에게 짜증을 내는 고객과 체크아웃을 하며 감사의 말 한마디 없이 객실 키를 프런트에 집어던지는 고객들에게는 아무리 서비스 천재인 호텔리어라고 하더라도 진심에서 우러나오는 서비스를 제공하기란 쉽지가 않다. 그러나 호텔의 서비스에 대해 고마움을 표현하는 고객에게는 직원들의 진심어린 서비스가 자연스럽게 나올 수밖에 없다. 레스토랑에서 주문한 음식에 대해 아무런 느낌과 감정 없이 기계적으로 식사를 하는 고객을 보며 셰프는 고객을 위해 특별한 음식을 만들고 싶은 의욕을 상실한다. 서빙을 하는 직원의 서비스에 대해 무뚝뚝하게 쳐다만 보는 얼굴을 붉히는 고객에게도 추가적인 서비스를 제공하고 싶은 마음이 생기질 않는다. 그러나 셰프나 서빙하는 직원에게 건넨 고객의 감사의 말 한마디는 직원을 춤추게 할 수도 있다. 이러한 고객의 사랑과 배려가 호텔리어를 더욱 성장하게 한다.

호텔은 고객의 진심어린 칭찬의 말 한마디, 관심, 정감어린 표정, 그리고 애정만으로도 성장할 수가 있다.

호텔의 와인과 스타벅스의 커피는 왜 맛있는가?

필자는 술을 즐기지 않는다. 술을 즐기지 않는 이유는, 선천적으로 몸에서의 거부감도 있지만 직장생활 중에 생긴 술에 대한 트라우마로 술 자체를 좋아하질 않는다. 술을 먹을 경우는 외부에서 접대를 하는 경우와, 특별한 날에 아내와 와인이나 맥주 한 잔을 하는 경우를 제외하고는 거의 입에 대지 않는다. 그러나 영업상 피치 못해 비즈니스 상대와 술을 함께 해야 하는 상황에서 마시다가 몸에 무리가 와 곤혹을 치르기도 한다. 그래서 총지배인이 된 이후로는 회사의 회식이나 친한 지인 분들과의 모임에서는 모임에 폐가 되지 않을 정도로 와인이나 맥주 한두 잔으로 분위기를 맞춘다. 와인은 오랜 시간 동안 사람들과 대화를 이어가며 분위기를 맞추기에는 최적의 술이다. 그렇다고 와인의 맛을 평가할 정도로 좋아하지도 않는다.

20년 이상을 호텔 식음파트에 몸담고 있는 친구에게 뜬금없는 질문을 던졌다. "친구야, 비싼 와인이 정말로 더 맛이 있지?" 친구는 엉뚱한 질문을 하는 필자를 바라보며 "당연히 비싼 와인이 맛이 더 있다."고 답했다. 과연 그 친구의 말이 맞는 말일까?

미국의 경제학자인 스티븐 래빗의 일행들은 이와 유사한 실험을 했다. 하버드 특별연구원회는 하버드 산하의 연구기관이다. 이 연구기관에서는 일주일에 한 번씩 선배들과 정찬모임을 주최한다. 모임의 중심에는 연구원회에서 운영하는 수많은 종류의 값비싼 와인이 있어, 항상 와인이 화제의 중심에 있었다. 그래서 한 연구원은 이 선배들을 대상으로 와인에 대한 실험을 진행했다. 물론 선배들 중에는 자신이 와인에 대해 특별한 관심을 가지고 있으며 감정가로도 손색이 없다고 자칭한 선배도 있었다.

연구원은 과연 그들이 정말로 감정가로서의 능력이 있는지를 실험하기 위해 블라인드 테스팅을 진행했다. 실험은 연구회에서 가지고 있는 값비싼 와인 두병과, 일반 주류 판매점에서 판매하는 같은 종류의 포도로 만든 싼 와인을 비교했다. 그리고 각각의 와인을 네 개의 디캔터에 담아 선배들에게 시음을 시켜 점수를 표시하라고 했다. 물론 네 개의 디캔터 중 하나는 값싼 와인인 것을 선배들에게는 알려주지 않았다.

결과는 어떠했을까? 네 개의 와인을 테스팅한 선배들은 네 개의 와인에게 동등한 점수를 주었다. 물론 그 중에 섞여 있는 저가의 와인도 비슷한 점수를 받았다. 이 실험으로 인한 와인의 맛이 와인 가격에 상관없이 동일하다는 의미는 아니다. 물론 고가의 와인은 저가의 와인에 비해 포도의 종류, 재배지의 기후, 와인의 숙성도, 탄닌의 정도, 당도 등에서 차이가 발생한다. 만약 전문 소믈리에도 동일한 실험을 했다면 좋은 고급와인과 저가와인을 구별해낼 수 있었을 것이다. 그러나 대부분의 사람들은 전문 소믈리에처럼 와인의 세세한 점을 감정해가며 마시지는 않는다. 물론 호텔에서도 값비싸고 좋은 와인은 일반 와인에 비해 더욱 향이 깊다. 그러나 호텔에서 판매되는 와인의 맛을 평가하기 위해서는 와인 자체가 가진 가격과 더불어 호텔에서 제공되는 서비스도 고려해야 한다.

가격이 비싼 호텔이 무조건적으로 좋은 것만은 아니다. 다시 말해 비싼 와인이 맛이 더 좋다는 이야기는 아니다. "내가 낸 돈이 얼마인데, 당연히 이 호텔은 그만한 값어치를 할 거야.", "지금 마시고 있는 와인의 가격이 얼마인데 당연히 맛이 있겠지?"라는 자기도취식 최면에 걸리는 경우가 많다. 그렇다면 동일한 와인을 제공하더라도 와인이 가진 본질에 호텔이 제공하는 서비스가 가미된 와인이 더욱 비싸고 맛과 향이 가득하지 않을까?

동일한 맥락의 이야기를 해 보자.

상쾌한 아침시간 출근을 위해 분주히 움직이는 사람들 중에 스타벅스의 로고가 새겨진 컵을 들고 거리를 누비는 직장인들을 많이 볼 수가 있다. 수많은 커피숍이 밀집된 빌딩숲사이로 바다의 여신들이 하나둘씩 둥둥 떠다닌다. 그렇다면 이 스타벅스 커피가 더욱 맛이 있을까? 스타벅스 커피는 왜 가격이 비쌀까& 비싼 스타벅스 커피가 더욱 맛이 좋을까?

커피 마니아들 중에는 유독 스타벅스 커피만을 고집하는 사람들이 있다. 이들이 즐겨 찾는 스타벅스 커피는 타 커피숍에 비해 가격이 결코 저렴하지 않다. 이들은 스타벅스 커피를 마시기 위해 아낌없이 자신의 지갑을 열고 상당한 비용을 지불한다. 이들이 아침저녁으로 찾는 스타벅스의 숨은 비밀은 고객이 찾기 쉬운 아주 좋은 위치에 있다는 점이다. 이는 스타벅스가 가진 가장 큰 장점이다. 그러나 이러한 이유로 스타벅스의 커피값이 비싸야 하는 이유는 없다. 다른 커피숍들도 이러한 기준을 충족하지만, 그렇다고 스타벅스의 커피값 이상을 받지는 않는다.

스타벅스 커피의 값을 분석한 경제학자 팀하포트는 그의 책『경제학 콘서트』에서 커피값을 분석해 봤다. 팀하포트 역시 필자가 이야기한 것과 같이 "스타벅스가 가지고 있는 가장 큰 장점은 바로 수천 명이 지나가는 가장 좋은 자리에 위치해 고객이 지나가는 길목을 지키는 것"이라고 했다. 결코 커피의 원료나 특별한 맛을 내는 비법을 가지고 있지 않은 스타벅스는, 위치적인 장점으로 인해 그를 부각시키고 있다. 마치 참새가 방앗간을 그냥 지나가지 못하듯 고객의 입맛을 당기는 커피숍을 가장 좋은 위치에 놓는다는 것이다.

팀하포트의 말은 전적으로 옳다. 그러나 호텔리어의 관점에서 본다면, 스타벅스의 커피가 비싸고 맛이 좋은 것은 스타벅스가 가지고 있는 또 하나의 숨겨진 본질에 있다. 바로 다른 커피숍과 동일한 맛에 스타벅스가 가지고 있는 고객에 대한 세심한 서비스 전략이 숨겨진 것이다. 스타벅스 감성 마케팅의 저자인 김영한 교수는 그의 책에서 "스타벅스가 한국에서 성장할 수 있었던 이유 중 가장 중요한 이유는 바로 감성마케팅을 하는 것에서 찾았다."고 한다. 그는 "스타벅스는 77개의 감성마케팅을 통해 한국제일은 물론 세계제일의 커피전문점으로 성장할 수 있었다."고 한다. 김교수는 스타벅스의 77개 감성마케팅 중에서 가장 중요한 제1요소를 사람에게서 찾고 있다. 그래서 그는 기업의 가장 기본 요소를 인적자원으로 보고 있으며 스타벅스와 같은 인적자원을 기본으로 운영하는 서비스업에서는 제품에 감성을 담아 판매할 수 있는 직원을 제대로 채용한다고 한다. 서빙하고 있는 스타벅스 직원들을 유심히 살펴보면, 모두가 자신의 업을 천직처럼 여기고 고객들에게 최고의 서비스를 제공하려 노력하고 있음을 알 수 있다. 이것이 호텔과 스타벅스가 동일하게 추구하고 공유하는 서비스의 본질이다.

이러한 본질이 없다면 호텔에서 마시는 와인도 굳이 비싼 와인을 마실 필요가 없고, 굳이 가깝다는 이유로 줄을 길게 서면서까지 스타벅스에서 커피를 주문할 필요도 없다.

호텔의 청결상태 이대로 문제없나?

고객은 호텔 방문 시 호텔에서 제공되는 청결과 서비스, 그리고 보안(안전)에 대한 당연한 믿음으로 방문을 한다. 이러한 사항들은 방문한 호텔에서 기본적으로 완벽하게 갖추어져야 하는 호텔의 기본 사항이라고 생각한다. 그러나 이러한 고객의 생각과는 달리 일부 호텔들은 고객이 바라는 당연한 믿음에 충실하지 못하고 있다. 이러한 문제는 다양한 환경, 운영방식, 직원들의 교육수준, 오너의 마인드, 심지어 청소를 하는 직원의 국적에 의해서도 차이가 발생된다.

얼마 전 방문한 지방의 작은 호텔은 생각 외로 흠잡을 데 없는 청결을 유지하고 있었다. 필자는 처음 방문하는 호텔은 반드시 공용화장실을 둘러본다. 특별하게 볼일이 없는데도 반드시 확인한다. 화장실의 청결 상태를 보면 그 호텔의 운영 수준을 알 수가 있기 때문이다. 화장실에 휴지가 떨어져 있는데도 직원이 치우지 않거나, 휴지가 없어 고객이 불편을 느끼는 호텔이라면 투숙해 있는 객실의 청결상태나 음식의 맛, 청결은 보지 않아도 뻔한 수준이다. 공용화장실을 제대로 관리하고 있는 호텔이야말로 제대로 운영되고 있다고 판단해도 좋다.

바캉스 시즌이 되면 어김없이 나오는 호텔의 청결 문제는 어제오늘의 일이 아니다. 국내뿐만 아니라 해외 유명 5성급 호텔조차도 위생이 도마 위에 올라 뉴스가 되어 국제적 망신을 당하기도 한다.

최근 들어서 코로나19로 인해 개인조차도 위생에 더욱 철저히 신경을 쓴다. 마스크는 물론 집에 들어와서도 수도 없이 손을 씻기도 하고, 외출 시에는 더더욱 개인의 위생에 신경을 쓸 수밖에 없다. 그렇기 때문에 불특정 다수의 고객이 이용하는 호텔의 경우에는 더욱 공중위생에 신경을 쓰지 않을 수 없다. 자칫 불결한 위생 상태로 인해 고객들이 피해를 보거나 목숨을 잃을 수도 있다. 그러므로 호텔은 숙박을 하는 객실의 위생도 중요하지만, 다양한 레스토랑을 운영하기 때문에 위생 상태는 더욱 신경을 쓸 수밖에 없다.

고객이 머무는 객실의 경우를 보자. 호텔은 매일매일 고객이 외출하거나 퇴실한 후에 청소를 진행한다. 객실 및 화장실, 베드시트 교체에 이르기까지 기존고객이 사용한 모든 물건에 대해 대대적인 청소를 진행한다. 여기서 호텔의 청결문제가 발생한다. 고객은 대부분의 호텔들이 기준에 맞는 위생상태의 객실을 제공하고 있다고 생각한다. 호텔 또한 그러한 노력을 최선을 다해 기울인다. 그러나 조금만 더 자세히 들여다보면 객실의 청소상태는 일부 고객들의 기준에 한참 미흡할 수도 있다. 이유는 바로 청소를 담당하는 룸메이드의 소속에 문제가 있다. 20년 전만 해도 이 룸메이드는 호텔의 정식 직원이었지만, 어느 순간부터 청소를 담당하는 아웃소싱 업체소속으로 변경되어 호텔 청소를 담당하고 있다. 이처럼 청소를 외부업체에 맡기다보니 아무래도 퀄리티에 대한 문제가 발생된다. 그리고 룸메이드의 구성이 한국 국적의 룸메이드부터 중국, 몽골, 러시아에 이르기까지 점점 더 다국적 룸메이드로 교체되고 있다.

여기에 또 하나의 문제가 발생된다. 아무리 교육을 시켜도 국가별 위생관념의 정도에 차이가 발생된다. 예를 들어, 한국 국적의 룸메이드가 평가하는 위생의 기준과, 몽골이나 중국 국적의 룸메이드가 생각하는 위생의 기준은 엄연한 차이를 보이고 있다. 이러한 필자의 주장은 어느 특정 국가를 깎아내리거나 업신여기려고 하는 차별적 의도는 아니기 때문에 이에 대한 오해가 없기를 바란다. 단지 각 나라가 처한 위생기준이나 위생에 관한 국민들의 의식 차이를 말하려는 것뿐이다.

한국 사람의 기준에 만족하는 청소상태와 중국이나 몽골, 미국, 프랑스의 룸메이드가 생각하는 위생의 기준 차이가 있기 때문에 당연히 청소의 퀄리티도 차이가 날 수밖에 없다. 이러한 문제점을 알기에 호텔에서는 더욱 청소에 관심을 갖고 신경을 쓴다. 그러나 대부분의 호텔들이 청소를 하는 부서를 외주화함으로써 관리의 한계도 발생되고 있다. 아무래도 호텔에서 직접 관리하며 청소상태를 관리하는 것과 외주화하여 운영하는 것에는 분명한 차이가 발생된다.

호텔 청소는 내 · 외적인 다양한 이슈사항이 있기 때문에 무조건적으로 외부에 용역을 맡기는 것이 정답은 아니다. 호텔의 퀄리티를 책임지고 있는 중요한 문제이니만큼 청소를 담당하는 부서의 외주화에 대해서는 재검토가 필요하다. 비용적인 측면만을 강조하여 모든 위생문제를 외부업체에 맡기는 것이 정말로 바람직스러운 일인가도 되짚어봐야 할 사항이다.

호텔 현장에서 바라보는 호텔의 청소상황은 언제 터질지 모르는 시한폭탄일 수밖에 없다. 그러나 이는 호텔이 안고가야 하는 장기적인 리스크라기보다는, 우선적으로 호텔의 본질을 다시 한 번 생각해보며 해결해야 하는 아주 기본적이며 중요한 문제이다.

호텔 브랜드의 허와 실

호텔 현장에 있으면 호텔의 브랜드파워를 실감할 때가 많다. 동일한 기간에 동일한 위치의 경쟁사들과 영업적 경쟁을 하다 보면, 나도 모르게 내가 속한 브랜드의 파워를 실감하곤 한다. 필자가 근무했던 호텔들은 외국계 힐튼 호텔과 한국 토종 브랜드인 더 플라자 호텔, 그리고 미국의 윈덤호텔 그룹의 라마다 호텔이다.

각각의 호텔들은 호텔 나름의 독특한 영업 특성과 운영 방법을 가지고 있다. 힐튼 호텔은 비즈니스고객에게 특성화되어 있어 비즈니스적 목적으로 온 외국고객의 경우에는 힐튼 호텔을 선호한다. 더 플라자 호텔은 외국인보다는 내국인들에게 더욱 알려져 있으며, 외국인의 경우 특히 동양의 일본 고객들이 많이 찾는 호텔이다. 그리고 윈덤 그룹의 라마다 호텔은 미국뿐만이 아닌 중국 등 세계 각국의 고객들에게 잘 알려진 호텔이라 다양한 국적의 고객들이 방문한다. 이러한 각각의 호텔들은 자체 브랜드가 가지고 있는 브랜드 파워에 의해 영업이 좌우되기도 한다.

그러나 모든 것이 브랜드 하나만을 의지한다고 해서 해결되지는 않는다. 브랜드가 분명 영업에 도움이 되는 것은 사실이지만 브랜드만을 전적으로 의지하는 것은 호텔이나 고객 모두의 입장에서 바람직스럽지는 않다. 괜히 브랜드만을 믿고 일을 진행했다가는 실망하고 큰 낭패를 볼 수도 있다. 한 예로 브랜드 음료로 남녀노소, 인종, 지역 등의 구별 없이 세계적인 사랑을 받고 있고 있는 상품인 펩시와 코카콜라의 브랜드 파워에 대한 연구결과를 살펴보자.

이 두 회사는 어느 지역에 편중되지 않고 일반인들에게 꾸준히 사랑받고 있는 음료회사이다. 그리고 두 회사는 서로를 견제하며 시장 확장을 위해 지속적으로 상품을 개발하고 경쟁한다. 그러나 두 회사가 모두 시장을 동등하게 양분하고 있는 것은 아니다. 코카콜라는 펩시콜라에 비해 월등한 맛을 지니거나 가격적으로 매리트를 가지고 있지는 않다. 그러나 일반인들 중 대부분의 사람들은 펩시보다는 코카콜라를 더 선호한다. 심리학자들은 이러한 이유를 밝히기 위해 다양한 실험을 하였다. 그리고 두 콜라 중에 하나를 유독 선호하는 것은 상표, 즉 브랜드의 영향이라는 결과를 얻을 수 있었다.

실험 방법은 브랜드상표를 노출하지 않고 맛을 평가하게 한 경우와, 두 브랜드를 각각 노출시켜 일반인들에게 선택하게 하였는데, 이러한 실험 결과는 모두의 예상을 깨고 상반된 결과가 나왔다. 브랜드를 노출하지 않은 상태에서 상품을 테스트하고 고객들에게 선택하게 한 첫 번째 실험은 코카콜라보다 펩시에 더 많은 표를 얻을 수 있었다. 그러나 각각의 브랜드를 노출한 상태에서 선택한 두 번째 실험에서는 코카콜라가 펩시에 비해 좋은 점수를 얻었다.

왜 이런 결과가 나오는 걸까? 이러한 결과가 나오는 것은 코카콜라가 가지고 있는 브랜드의 힘에 의해서이다. 이러한 연구 결과를 밝혀낸 댄 애리얼리는 "이것은 음료가 가진 어떤 화학적 특성 때문이 아니라, 브랜드에 대한 연산관계 때문에 코카콜라가 펩시 등의 다른 상품에 비해 시장에서 우위를 점할 수 있었다."고 했다. 이렇듯 고객이 물건을 고를 때는 상품의 퀄리티를 보고 고르는 경우도 있지만, 단지 물건 자체가 가지고 있는 브랜드만을 보고 고르기도 한다.

호텔을 고를 때도 이러한 브랜드의 함정에 빠지기가 쉽다. 고객들이 호텔을 선정할 때는 기존 고객들이 남긴 호텔에 대한 후기를 찾아보거나, 홈페이지를 통해서 호텔의 퀄리티를 평가하기도 하며 주위 사람들의 추천에 의해 호텔을 선정하기도 한다. 그러나 다양한 요소 중에 가장 큰 영향을 미치는 요소는 단연 호텔의 브랜드이다. 그만큼 브랜드가 지니고 있는 파워는 강력하다.

브랜드는 고객들에게 상품에 대한 믿음을 주며 브랜드 자체가 상품성이 된다. 그러나 일반인들에게 잘 알려진 브랜드라도 모든 고객들에게 상품에 대해 만족도를 주는 것은 아니다. 브랜드만을 보고 이용한 물품이 브랜드에 걸맞는 서비스를 제공하지 못할 경우 고객은 심한 컴플레인을 하게 된다. 고객들은 브랜드만을 믿고 호텔을 선택하기보다는, 호텔 브랜드의 허와 실을 명확히 구분하여 선택할 줄 아는 안목을 가져야 한다. 이처럼 소비자가 믿는 브랜드가 므든 것을 개런티해 주지는 않는다.

호텔리어의 교토삼굴

자주 쓰는 고사성어 중에 '狡兎三窟(교토삼굴)'이라는 말이 있다. 영리한 토끼는 만일의 위험을 대비해서 세 개의 굴을 파 위험을 피해 간다는 뜻이다. 바삐 세상을 살아가는 직장인들 입장에서 보면 '하루를 살기도 버겁고 급하게 처리해야 할 일들이 수도 없이 많은데, 왜 시간과 노력을 들여가면 세 개나 되는 굴을 파야 할까'라고 의문을 가질 수도 있다. 그러나 현명한 사람은 아무리 상황이 바쁘더라도 자신의 미래를 위해 틈틈이 시간을 쪼개가며 제대로 된 최소한의 굴을 파려고 노력을 한다. 각기 상황에 따라 굴의 종류와 크기는 달라지겠지만, 이는 굴을 미리 파서 환난이나 어려움에 대비하려는 것이다.

중국 제나라시대에 '풍환'이라는 사람이 있었다. 풍환은 본래 끼니를 걱정할 정도로 가난한 거지였다. 당시 풍환은 끼니를 해결하기 위해 제나라의 재상이었던 맹상군을 찾아가 의탁한다. 그러나 주위의 사람들로부터 거지라는 이유로 풍환을 따돌리고 업신여겼지만, 그는 참고 이겨냈다. 이때 재상 맹상군에게는 고민이 하나 있었는데, 돈을 빌려간 사람이 자신에게 되돌려주질 않아 고민을 하고 있었다. 하루는 맹상군이 풍환을 불러 그 돈을 받아오라고 했다. 그리고 빚을 다 받은 후에는 돌아올 때 필요한 것들을 사오라고 말했다.

풍환은 차용금을 받아오라는 임무를 부여받고 설 지역으로 내려가 지방 관리들에게 맹사군에게 부채가 있는 모든 사람들의 부채증서를 한 자리에 모아놓으라고 요청했다. 그리고는 그 자리에서 부채가 적힌 증서들을 확인하고는 모두 불태워 버렸다. 이를 본 모든 사람들은 너무나도 놀라 어리둥절해 했다. 이 소식을 들은 맹상군은 너무나도 격노하여 풍환을 향해 소리를 치며 부채증서를 태워버린 이유를 묻자, 풍환은 여기에는 곡식과 재물이 넘쳐나기 때문에 돈 대신에 '義'를 가져왔다고 말했다.

그리고 몇 년 뒤 재상 맹상군은 관직을 떠나 자신의 영지인 설 지역으로 내려갔다. 백성들은 자신의 부채를 없애준 풍환과 그의 주군인 맹상군을 열렬히 환호하며 극진히 대했다. 이것이 풍환이 맹상군을 위해 준비한 첫 번째 굴이었다. 그리고 풍환은 제나라의 서쪽에 있는 위나라 혜왕에게 부국강병을 위해서는 맹상군과 같은 재상이 있어야 한다고 청하여 그를 재상으로 만들었다. 이것이 맹상군을 위해 그가 준비한 두 번째 굴이었다. 그리고 얼마 후 풍환은 설 지역에 제나라 선대의 종묘를 만들라고 이야기했다. 맹상군의 영지에는 제나라의 선대 조상을 모시는 종묘가 들어서고 맹상군의 설 지역은 온갖 시련이 찾아와도 함부로 종묘가 있는 설 지역을 함부로 하지 못하여 맹상군은 무탈하게 지낼 수 있었다. 이것이 풍환이 맹상군을 위해 준비한 세 번째 굴이었다. 그 후 맹상군은 풍환의 깊은 뜻을 이해하여, 이를 가리켜 '狡兎三窟(교토삼굴)'이라는 사자성어가 생겨났다.

토끼는 세 개의 굴을 파서 앞으로 다가올 재난이나 환난들이 닥칠지 모르는 위험들을 대비한다고 한다. 그러나 우리는 앞으로 닥칠 환난을 대비하여 무엇을 준비하고 있는가? 모든 것이 지금처럼 빠르게 변하여 한치 앞도 내다볼 수 없는 상황에서 호텔은 호텔의 본질과 정체성을 지키기 위해 무엇을 준비하고 있어야 하는가? 풍환이 미래를 내다보고 맹상군을 위한 교토삼굴은 아니더라도, 풍환의 혜안을 통해 무엇이라도 준비해야 되지 않을까?

필자는 현재 침체기로 접어든 한국의 호텔업을 더욱 독하게 만들기 위해 준비해야 하는 세 가지 교토삼굴을 제시해 본다. 첫째, 사람을 중시하며 인재를 육성하여 미래를 준비해야 한다. 이것이 첫 번째이다. 둘째, 한국토종 브랜드를 육성하여 브랜드의 내실을 다져야 한다. 브랜드는 고객들에게 상품에 대한 믿음을 준다. 브랜드 자체가 하나의 상품이 되기도 하며 한 번 브랜드에 매료된 고객은 특별한 이유가 있기 전까지는 자신이 선택한 브랜드 상품을 절대로 바꾸지 않는다. 그들은 이처럼 브랜드에 충성고객이 된다. 이것이 두 번째이다. 셋째, 호텔은 호텔의 스토리를, 국가는 국가의 독특한 스토리를 하루빨리 만들어야 한다. 그래야 한국을 방문하는 모든 외국 고객들에게 평생 동안 잊을 수 없게 추억을 남겨줄 수 있다. 추억은 고객들이 다시 한 번 한국을 재방문하게 만든다. 이것이 세 번째이다.

이제 호텔들도 살아남기 위해서 풍환의 교토삼굴을 준비해야 한다.

제 5 장

호텔에서 사라지는 것들

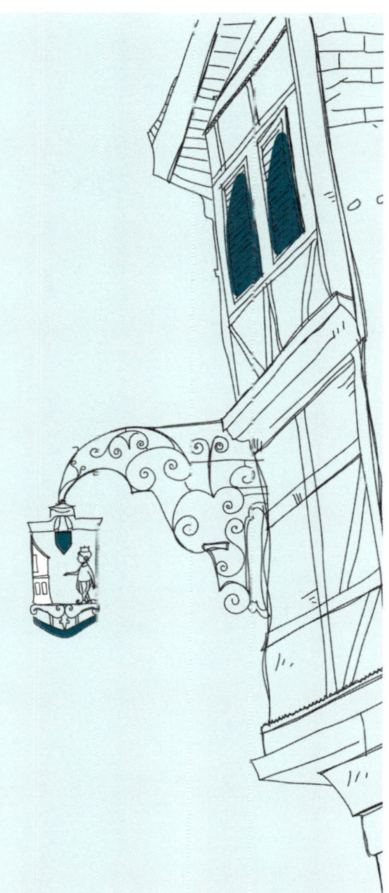

독종 호텔이 살아남는다

나이가 쉰 즈음 되자, 사라지는 것에 대한 관심이 커진다. 관심보다 기존에 있던 것에 대한 애착이라고 해야 할 것 같다. 평소에는 관심조차 없었던 물건이 어느 날 뒤늦게 사라진 것을 알고는 왠지 씁쓸하고 그 빈 공간이 허전하기까지 한 이유는 무엇일까? 더욱이 몇 년간 동고동락하며 일하던 직원이 사라진 싸늘한 책상을 바라보는 마음은 더욱 애잔하다. '진즉에 정감 있는 말 한 마디, 따뜻한 식사를 함께 했어야 했는데…'라고 뒤늦은 후회를 해보지만 이미 그 동료는 우리들 곁에 없다. 사라진 모든 것에 후회가 밀려오는 것은 나이 탓일까? 나이 탓이라고 하기에는 우리의 호텔 현실이 너무나도 버겁게만 느껴진다. '다음에 올 직원에게는 후회하지 않게 관심을 가져야지!'

살아있는 모든 것은 영원히 존재할 수가 없다. 신이 아닌 이상 생명을 가진 모든 것은 태어났다가 언젠가는 서서히 사라지게 된다. 자연 속에 존재하는 나무와 동물, 심지어 풀 한 포기조차도 태어났다가 어느 새인가 조용히 사라지고 만다. 그래서 각자의 종들은 자신의 종을 다음세대에 이어가려 씨앗을 땅에 떨구어 세대가 이어갈 수 있게 한다.

이처럼 우리 주위에는 시간이 다한 생명은 사라지고, 다시 새로운 세대의 생명이 싹터 이어간다. 그러나 모든 종들이 다음 세대를 이어가는 것은 아니다. 외부의 환경변화에 적응하지 못하고 준비하지 못한 종들은 그 세대에서 사라진다.

호텔업에도 우리가 알지 못하는 사이에 그 무엇인가가 사라지고 있다. 그것은 사람일 수도 있고, 서비스일 수도 있다. 다행히 사라진 그 무엇을 대신하여 또 다른 무엇이 자리를 채운다면 다행이지만, 그렇지 않을 경우 우리는 그 존재의 유·무를 영영 잃어버리고 만다.

호텔리어들도 모르는 사이에 어디선가 사라지고 있다. 그러나 정작 우리는 그 무엇이 사라지는지조차 알지 못하는 경우가 있다. 지금 호텔에서는 무엇이 사라지고 있을까?

사라진 호텔리어

많은 언론인들과 학자들은 구텐베르크가 발명한 인쇄술 이후 수 세기 동안 이어져온 인간들의 고서가 없어질 것이라고 이야기했다. 그러나 인쇄술의 발전은 결국에는 인간을 더욱 유익하게 해 주었으며, 인간이 축적해온 지식을 더욱 많은 책으로 출간하여 보급하는 효과를 가져왔다.

디지털화된 현재도 종이로 인쇄된 책은 언론인과 학자들이 주장해온 것처럼 사라지지 않고 지금도 발전하며 유지되고 있다. 이유는 책이 가진 독특한 특성 때문이다. 니콜라스 카는 그의 책에서 "책은 이동성, 편리성 등으로 인해 그 존재를 유지하고 있다."고 말했다. 만일 이러한 책만의 독특한 특성이 없었다면 책은 이미 인류사에서 사장되어 고대문화유산이 되었을 것이다. 그러나 최근에는 이렇듯 수세기를 이어온 책들이 점차 디지털화되며 서서히 감소하고 있다. 미래에도 종이책은 사라지지 않고 남아있겠지만, 그 수요는 디지털책으로 점점 대체될 추세이다.

호텔의 자동화는 호텔에 근무하는 호텔리어들에게 호텔업의 몰락을 걱정케 해준다. 자동화로 인해 점점 인간이 설자리를 잃게 되고 호텔리어의 역할이 필요 없게 된다는 우려를 낳고 있다. 그러나 결국에는 디지털세상에서 종이로 된 책이 살아남았듯이, 호텔업에서도 호텔리어는 지속적인 생존을 하리라 본다. 그러나 이러한 낙관적인 생각 속에서도 현실에 다가오는 자동화의 속도는 더욱 빨라지고 있다.

인쇄기가 발명되고도 책이 유지될 수 있었던 것은, 지금보다 더딘 산업의 발달속도, 즉 오랜 시간이 주는 덕분이었다. 그러나 지금은 무인화 · 자동화가 당시의 시간보다도 몇 배 심지어 몇 십 배 빠른 속도로 우리에게 다가오고 있다. 이러한 속도와 빠른 호텔의 자동화는 연쇄적인 호텔리어의 일자리 감소를 초래할 수 있다. 물류, 교통의 자동화는 자동차산업에도 영향을 준다. 자동차가 점차 무인화인 자율주행으로 바꾸게 되면 이에 따른 사고가 줄어들어 부속업체 종사자가 사라진다. 보험은 물론 자동차 판매, 수리 센터도 사라질 수 있다. 자동화가 진행되면 이로 인해 자동차의 구조가 단순화로 인해 수리를 필요치 않게 된다. 이에 따라 택시나 버스 등의 종사자가 일자리를 잃게 된다. 또한 개인이 가입한 보험 관련 일자리도 사라진다.

그렇다면 호텔 및 서비스 산업은 어떤 변화를 겪을까? 지금은 제한된 로봇들이 호텔에서 사람의 업무를 대체하고 있지만, 향후에는 더 많은 로봇들이 사람을 대체하여 고객들은 사람이 제공하는 서비스보다도 로봇이 제공하는 서비스를 더욱더 많이 받게 될 것이다. 이 서비스 로봇들은 지금도 현장 어딘가에서 쉬지 않고 고객들에게 서비스를 제공하고 있다.

자동화는 현재 매리어트 호텔을 비롯한 해외의 글로벌 체인호텔들을 중심으로 다양한 서비스가 시도되고 있다. 고객의 짐을 보관·운반하는 서비스도 이제는 기본이 되었으며, 프런트 직원을 대체하여 체크인과 체크아웃을 받는 키오스크가 호텔 로비에 설치되어 호텔리어의 도움 없이도 언제나 자유롭게 호텔을 이용할 수가 있다.

사람들은 로봇이란 개념을 인공지능을 장착하고 사람과 같은 모습을 한 존재로 인식하여 수십 년 뒤에나 우리의 일자리를 위협한다고 생각하고 있지만, 이미 형태를 달리한 무인화기계, 자동화된 로봇들은 산업 현장에서 고객들에게 서비스를 제공해주고 있다. 더욱이 미래에는 좀 더 발달된 로봇들로 인해 더 이상 프런트에서 체크인·체크아웃을 하려고 길게 줄을 서는 일이 필요 없게 된다. 그리고 자신의 짐을 맡기려 프런트 직원에게 부탁을 하지 않아도 되며, 심지어 외국여행 시 필수적인 환전 업무나 통역 업무도 프런트를 거치지 않고 호텔의 기계를 이용할 수가 있다. 점차 호텔리어보다 더욱 빠르고 스마트한 로봇들이 호텔리어들이 하던 기존의 업무를 대체하고 있다. 이러한 일들은 영화 속의 이야기처럼 먼 미래의 가상이야기를 하는 것이 아니다. 안타깝지만 이것도 현실이다. 이 이야기를 하는 지금도 호텔 어딘가에는 점차 호텔리어들의 자리가 사라지고 있다.

지속 가능한 호텔리어로 살아남기 위해서는 지금부터라도 호텔리어 자신들에 대한 투자를 늘리고 실력을 키워야 된다.

사라지는 호텔부서

호텔은 다양한 부서가 존재한다. 호텔의 규모에 따라 존재하는 부서도 있지만, 호텔 서비스의 정도에 따라 타 호텔에는 존재하지 않는 부서도 존재할 수 있다. 그러나 최근에는 호텔의 부서가 공중분해 되거나 점진적으로 통·폐합 작업을 통해 사라지거나 아웃소싱으로 변하고 있다.

기존의 호텔들은 대부분 특급호텔의 격에 맞는 필수 업장과 연회장은 물론 수영장, 레스토랑 심지어 약국과 미용실까지도 운영을 했다. 그러나 최근에 오픈하는 비즈니스호텔들은 이러한 업장을 운영하지 않고 있으며, 기존에 운영을 하던 호텔들조차도 업장을 축소하여 운영하거나 폐쇄하고 있다.

현재 호텔업계는 새로운 변화를 맞고 있다. 가장 큰 특징은 호텔부서의 아웃소싱화가 점점 빨리 진행되고 있다는 점이다. 대부분의 호텔들은 핵심부서만을 남기고 전체부서를 아웃소싱화 하고 있다. 일부 호텔들은 아직까지 핵심부서는 직접 운영을 하고 있지만, 호텔의 수익성이 점점 떨어짐에 따라 아웃소싱부서는 빠르게 증가하고 있다. 아마도 미래에는 지금과 같은 호텔이 없어지거나 오너나 총지배인을 제외하고 전부서가 아웃소싱화 될지도 모른다. 호텔 본연의 고객응대나 서비스를 제공하려는 부서 · 직원은 어디에서도 찾아보기가 힘들 것 같다.

미래학자들은 제4차 산업혁명으로 인해 수십 년 내에 현존하는 무수히 많은 직업들과 부서가 사라질 것이라고 예측하고 있다. 일인 기업가로 다양한 활동을 하고 있는 공병호 박사도 "앞으로 기업은 생존과 번영을 추구해야 하는 현실 앞에서 지금과는 달리 새롭게 변화할 것"이라고 말한다. 그 첫 번째 실행이 바로 기업 내부의 다양한 기능들을 좀 더 세분화하여 아웃소싱화 하는 길이며, 기업들은 더욱 아웃소싱의 길을 선택할 것이라고 했다.

그러면 이처럼 대부분의 기업이 세분화 · 아웃소싱화 되어가는 현실 속에서도 기존의 영역을 지키며 호텔에서 사라지지 않거나 아웃소싱화 되지 않는 부서는 어떤 부서가 있을까? 아쉽지만 얼마 남지 않은 미래에는 대부분의 부서가 호텔에서 사라지거나 그렇지 않더라도 지금처럼 점차 아웃소싱화 될 것이다. 이는 우리가 받아들이기 힘든 현실이다.

호텔에서는 이미 다양한 부서의 업무가 로봇으로 대체되거나 아웃소싱화 되어가고 있다. 고객을 현장에서 제일 먼저 영접하는 프런트 업무는 아웃소싱화 되거나 키오스크와 같은 기계로 대체하여 직원들의 업무를 대신하고 있다. 그리고 고객의 위생과 객실청소를 책임지고 있는 객실관리팀과, 레스토랑을 운영하고 식사를 제공하고 있는 식음팀, 조리팀도 아웃소싱화 되어가고 있다. 현재는 대부분의 호텔들이 이미 객실부서를 아웃소싱화 시켰으며, 객실 위주의 영업으로 전환함에 따라 레스토랑을 별도로 운영하지 않는 호텔들도 늘어나고 있다.

레스토랑은 호텔의 객실과 더불어 호텔의 매출을 책임지고 고객들에게 식음서비스를 제공하는 부서로 호텔에서는 기본적으로 갖추고 있어야 할 필수적 부서 중 하나이다. 그러나 최근에는 대부분의 호텔들이 더 이상 외부의 유명한 레스토랑과 경쟁을 할 수가 없어, 자체적으로 운영하는 레스토랑을 없애고 외부업체에게 임대를 주는 형식으로 바뀌고 있다. 업장이 없어지면 당연히 해당 식음과 조리 부서도 축소되거나 통·폐합될 수밖에 없다.

또한 고객이 이용하는 호텔의 모든 시설을 점검 유지하며 고객의 안전을 책임지고 있는 부서인 시설팀도 점차 아웃소싱화 되어가고 있다. 호텔의 상황이 이처럼 변하다보니 고객들에게 제공되는 서비스는 점차 줄어들거나 떨어지게 되어, 고객은 호텔서비스에 만족을 하지 못하게 된다. 공병호 박사의 말대로 대부분의 기업이 부서를 아웃소싱화 하고 있는 추세이지만, 호텔에서도 이러한 부서의 통·폐합과 아웃소싱화가 정답인지는 호텔을 운영하고 있는 오너들이 다시 한 번 생각해봐야 할 문제이다.

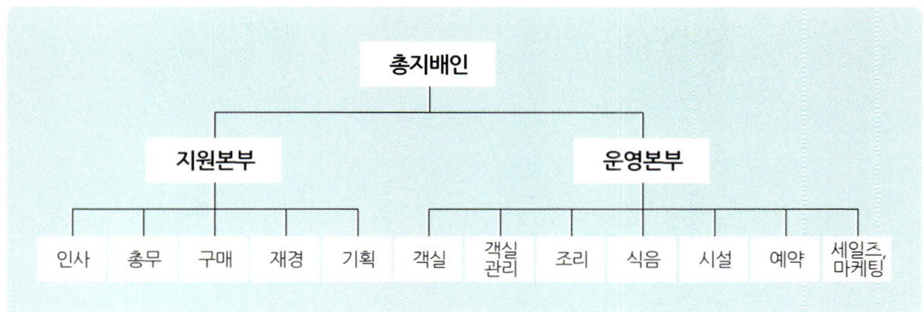

일반적인 호텔의 조직도

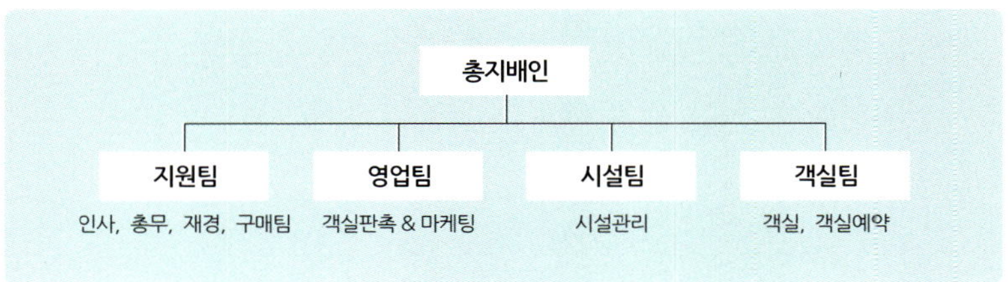

슬림화된 조직

호텔에서 사라지는 서비스

오랫동안 기억하지 못했던 것들을 찾거나 잊혀졌던 기억을 떠올리면 마음이 심쿵해져 온다. 책상 속 깊숙이 간직했던 어린 시절의 일기를 읽어보며 동심으로 돌아가 보기도 한다. 그리고 한동안 그것으로 인해 그 시절에 간직했던 아름다운 추억들을 되새겨 본다. 그러나 잠시간의 기쁨 뒤에는 뭔지 모르는 서글픔이 따라온다. 그동안 잊고 있었던 것에 대한 그리고 사라진 시간, 잊혀진 그 무언가로 인해 마음이 시려온다.

유치원생이 된 아이들을 데리고 가족들과 함께 민속촌을 관광하러 간 기억이 있다. 도심에서 자란 아이들에게는 민속촌이란 곳이 그저 TV 속에서나 봤지 모든 것이 현실과는 다른 신기한 세상으로 느껴졌을 것이다. 사람들이 입고 있는 옷과 살고 있는 집 그리고 민속촌에서 관광객을 위해 진행하는 다양한 프로그램조차도 신기해하고 낯설게 느껴졌을 것이다. 이 모든 것들은 불과 얼마 전까지만 해도 우리의 일상적인 모습이었고 생활이었지만, 지금은 우리에게서 이미 잊혀졌거나 잊혀지고 있는 것들이다. 그나마 다행인 것은 민속촌이라는 곳을 통해 잠시나마 사라지고 잊혀진 것들을 직접 보고 접할 수 있다는 것이다.

호텔에서도 아이들과 함께 봤던 민속촌의 그 무엇과 같은 것들이 우리에게서 이미 사라졌거나 잊혀지고 있다. 호텔에는 기본적으로 호텔을 방문하는 고객에게 서비스를 제공한다. 객실을 중심으로 한 숙박서비스와 레스토랑을 통한 식음서비스는 기본으로 제공되고 있다. 그리고 이밖에도 각 호텔의 규모와 특성에 따라 다양한 서비스가 호텔별로 제공된다.

도심에 위치한 대부분의 호텔들은 상업을 목적으로 방문한 비즈니스 고객들에게 그들이 목적한 비즈니스를 제대로 성사시킬 수 있는 슈샤인 서비스나 라운드리 서비스와 같은 비즈니스 서비스를 제공한다. 반면, 관광지에 위치한 호텔에서는 관광객에게 좀 더 편안하게 쉬다가 갈 수 있는 턴다운 서비스나 셔틀버스와 같은 그들만의 득특한 서비스를 제공한다. 그러나 최근에는 특화된 서비스는 물론, 호텔에서 기본적으로 제공되는 서비스마저 원가절감과 이익이 되지 않는다는 이유로 점차 사라지고 있다.

호텔들이 살아남기 위해서 호텔의 서비스를 제한하고 없애는 것은 생존을 위해 몸부림치고 있는 호텔 입장에서는 어느 정도 이해가 되지만, 정작 이것이 올바른 선택인가는 다시 한 번 되짚어 볼 필요가 있다. 호텔리어들도 사라지고 있는 호텔의 귀중한 서비스에 대해서 관심을 가져야 한다. 그러나 안타까운 것은 어느 누구도 잊혀진 호텔의 그 무엇에 대해서 아쉬움을 갖지 않는다는 것이다.

모닝 콜서비스Morning Call Service

얼만 전까지만 해도 모닝 콜서비스는 고객이 호텔에서 가장 많이 받는 서비스 중 하나였다. 아무리 아침 일찍 일어나는 아침형 인간이라도 출장지에서의 아침은 부담스럽다. 이럴 때 고객은 교환이나 프런트를 통해 모닝콜을 요청할 수 있다. 자신의 이름과 객실번호와 함께 원하는 시간을 미리 말하면 된다.

프런트에 직접 요청을 하지 않더라도 침대 곁에 설치된 알람을 이용할 수도 있다. 최근에는 디지털화 되어있어 프런트 직원이 고객에게 전화를 하는 번거로움은 사라졌지만, 예전에는 손님이 요청을 하면 직원이 객실로 요청한 시간에 전화를 걸어 깨웠던 때도 있었다.

우산 대여서비스Umbrella Rental Service

비가 오는 날이나 장마철이 되면 비를 막아줄 작은 우산 하나쯤은 필수적으로 챙기고 다녀야 한다. 그러나 출장을 목적으로 한다면, 챙겨야 할 짐도 많은데 언제 올지 모르는 비를 막기 위해 우산을 덤으로 챙기기란 여간 성가신 일이 아니다.

만약 호텔에 투숙을 한다면 번거롭게 우산은 챙기지 않아도 된다. 호텔에서는 투숙하는 고객을 위해 다양한 물품을 구매하여 비치해 놓는다. 특히 비오는 날이나 우기를 대비해서는 다수의 우산을 준비해 놓는다. 일부 호텔에서는 자신을 증명할 증명서나 일부의 현금을 맡길 것을 요구하지만, 투숙고객이라면 자신이 투숙하고 있는 객실번호만 알려주면 무료로 우산 렌탈서비스를 받을 수 있다.

픽업 센딩서비스Pick-up Sending Service

호텔을 이용하는 고객이라면 체크인 전과 체크아웃 후에도 이 서비스를 이용할 수 있다. 고객이 사전에 호텔에 요청하면 호텔로부터 전용 리무진으로 픽업 & 센딩서비스를 받을 수 있다. 물론 차량을 이용하는 비용에 대해서는 고객에게 별도로 청구된다.

처음인 해외공항에서 도심 호텔까지의 이동에 있어 복잡한 교통수단을 이용해야 하거나, 혹은 짐이 많아 일반 리무진버스나 대중교통을 이용하기가 불편하다면 사전에 호텔에 픽업 & 센딩서비스를 요청할 수 있다. 단 서비스 이용 전에 반드시 서비스 비용에 대해 꼭 체크해야 한다.

짐 운반서비스Porterage Service

일반인들이 호텔에서 받는 부담스러운 서비스 중 하나는 벨맨을 통해 자신의 무거운 짐을 객실이나 로비로 이동해주는 서비스이다. 아직까지 한국의 고객들은 이러한 짐 운반서비스에 대해 거부감을 가지고 있어 본인의 짐을 직접 객실로 운반한다.

한국에 관광을 오는 외국인은 입국 때는 가벼운 가방 하나를 가지고 들어온다. 그러나 며칠간의 관광 후에는 지인들을 위해 많은 선물을 구매한다. 당연히 입국할 때보다도 짐은 몇 배로 늘어난다. 체크아웃 할 때 늘어난 짐을 감당 못하고 힘들어하는 모습을 보게 된다. 호텔에서는 자신의 무거운 짐과 씨름할 필요가 없다. 벨이나 컨시어지에 전화를 걸어 운반을 요청하면 된다. 물론 서비스에 대한 감사의 표시로 직원에게 팁을 주는 에티켓도 잊지 말아야 한다.

환전서비스Money Exchange Service

한국사람 중에는 지갑에 현금을 가지고 다니지 않는 사람들이 많아졌다. 현금을 사용할 일이 많지 않기 때문도 있지만, 대부분의 비용을 간편한 카드 한 장으로 처리할 수 있기 때문에 굳이 불편하게 현금을 가지고 다닐 필요성이 없다. 해외여행 시에도 현금보다는 카드로 사용하는 빈도가 늘어나, 이제는 굳이 환전을 위해 현금을 보유할 필요성이 없어졌다. 최소한의 현금과 카드 한두 장으로 해외여행 시 현금을 많이 가지고 다니는 불편함을 해결할 수 있다.

그러나 카드 한두 장과 함께 최소한의 현지 화폐로 환전해 가야만 현지에서 물건 및 기타 비용을 계산하기가 편리하다. 보통은 출국 전에 은행이나 환전소, 혹은 공항 환전소 등에서 환전해 가지만, 상황이 여의치 않을 경우 호텔에서도 환전을 할 수가 있다. 다만, 일반 은행이나 환전소보다는 다소 비싼 환율을 적용받는다. 일반적으로 당일 은행에서 공시한 환율의 5% 정도를 호텔에서 업Up하여 환전 업무를 한다. 내국인도 투숙객일 경우 자신이 가지고 있는 외환에 대해서는 환전 서비스를 받을 수 있다.

현금 대여서비스 Cash advance or Paid out Service

호텔에는 일반인들에게 익숙하지 않은 숨겨진 서비스가 있다. 바로 현금 대여서비스인 캐쉬 어드밴스 서비스 혹은 페이드아웃 서비스이다. 원래 뜻은 신용카드를 이용한 현금 선지급 서비스이다. 호텔을 자주 이용하는 사람들도 이러한 서비스가 있는지조차 모르는 사람이 대부분일 것이다.

이 서비스는 카드를 담보로 하여 고객이 소정의 현금을 빌릴 수 있는 서비스이다. 물론 카드를 개런티하지 않아도 현금을 빌릴 수가 있다. 호텔은 고객의 신용카드를 개런티해서 5%의 수수료를 받고, 고객은 필요한 현금만큼 서비스를 받으면 된다. 특히 국내보다는 해외에서 급히 현금이 필요할 때 요긴하게 활용할 수 있다. 택시를 타고 호텔로 이동 시 현금이 없어 당장 카드로 지급하기 어려운 상황에는, 호텔에 요청하여 소액의 현금을 대체하여 받을 수도 있다. 1인당 혹은 1회 서비스를 받을 수 있는 한도가 정해져 있으며, 수수료는 대부분의 호텔에서 5% 정도로 비슷하다.

모바일 렌탈서비스Mobile Rental Service

이제 호텔에서 완전히 사라진 서비스 중 하나가 모바일 렌탈서비스이다. 불과 몇 년 전까지만 해도 해외출장이나 여행을 다닐 때 가장 불편하여 필수적으로 받았던 서비스가 휴대폰을 렌탈하는 서비스였다.

해외 출장을 자주 다니는 비즈니스맨들에게 국제전화 로밍은 여간 고달픈 문제가 아니었다. 출장 중에 한국으로부터 걸려오는 전화를 받기도 힘들고, 설령 받더라도 한국에 돌아와 나오게 될 요금폭탄으로 통화 자체를 망설였던 시절도 있었다. 현재는 와이파이를 이용한 무료 음성통화서비스 등 각 통신사에서 제공하는 저렴한 서비스를 통하여 국제통화도 시내요금처럼 저렴하게 사용할 수가 있다. 최근에는 대부분의 사람들이 자신의 휴대폰을 로밍하여 해외여행이나 출장을 다니고 있지만, 아직도 일부 고객 중에는 호텔에서 휴대폰 렌탈을 원하는 경우도 있다.

페이징서비스Paging Service

현재 페이징 서비스를 제공하는 호텔은 거의 없다. 이제 5성급호텔에서도 이 서비스가 사라진지 오래되었다. 몇 년 전까지만 해도 로비나 호텔 커피숍에서 진행하던 페이징서비스였지만, 이제는 그나마 진행하던 서비스를 볼 수가 없어 아쉽다. 페이징서비스는 호텔에 근무하는 호텔리어들에게도 아득한 먼 기억 속의 옛 서비스가 되었다. 그래서 이제 막 입사한 호텔리어들에게 페이징서비스란 단어 자체는 생소하기만 하다.

현재 호텔에 근무하는 직원들 중 대부분은 페이징서비스란 자체를 모르고 있다. 페이징서비스란, 호텔에 방문한 고객이 다른 고객을 찾기 위해 호텔에 도움을 요청하는 서비스로, 주로 공간이 넓은 로비에서 호텔 직원을 통해 고객을 쉽게 호출해주는 서비스이다. 특히 초면의 고객을 만날 경우 아주 유용하게 활용할 수 있다.

불과 몇 년 전까지만 해도 손으로 들 수 있는 작은 보드판에 찾고자 하는 고객의 이름을 적고 작은 방울을 달아 고객을 호명하는 호텔리어를 쉽게 볼 수 있었다. 이 서비스는 주로 호텔의 벨맨과 고객이 필요한 다양한 업무를 처리해 주는 컨시어지 직원이 제공하는 서비스로 로비에서 진행된다. 호텔의 내부 고객으로부터의 요청이나 외부로부터 고객을 찾아달라는 문의가 왔을 때에도 호텔은 이 서비스를 제공한다. 이 서비스는 로비 외에도 호텔 라운지에서도 서비스가 가능하다. 필자도 고객을 만나기로 한 시간보다 조금 늦게 도착하거나 급한 용무를 전달하고 싶을 때 페이징서비스를 이용해 본 경험이 있다.

턴 다운서비스Turn Down Service

턴 다운서비스는 일반적인 호텔에서는 실행하기 어려운 서비스이다. 이 서비스는 한국에서도 일부 5성급 호텔이나 관광지에 있는 레저호텔에서 진행된다. 물론 호텔에서 고객들에게 서비스를 하기 위해서는 비용이 들기 때문에, 일반호텔에서는 쉽게 진행할 수 없다. 그러나 외국의 리조트형 호텔, 특히 허니문고객을 받는 호텔에서는 대부분 턴 다운서비스를 제공하고 있다.

이 서비스는 호텔에서 일상 진행하는 클린서비스와는 차원이 다른 서비스이다. 청소된 자신의 객실이 외출 후 돌아와 보니 재정비된 듯한 느낌을 받았다면 턴 다운서비스를 받은 것이다. 기본 클린서비스 외에 고객이 잠자리에 들기 전 편안한 잠자리에 들 수 있도록 간단한 침구류나 어메니티를 다시 한 번 세팅해 주는 서비스를 말한다.

구두닦이서비스Shoes Shine Service

지금은 거의 대부분의 호텔에서 사라진 서비스이다. 출장 중 급하게 구두를 수선하거나 중요한 자리에 더러워진 구두를 신고갈 수 없을 경우가 생긴다면 난감해 할 수밖에 없다. 더욱이 출장지가 국내가 아닌 해외라면 더욱 곤란하다. 이러한 불편함을 해결할 수 있는 서비스가 바로 구두닦이서비스이다.

국내호텔의 경우 고객서비스 차원에서 호텔 내에 상주직원 혹은 전문업체를 입주시키거나 외부업체와 계약을 하여 호텔 투숙고객에게 구두를 닦아주는 서비스를 제공했다. 그러나 최근에는 이용고객의 감소로 인해 이러한 서비스는 거의 사라졌다.

셔틀버스서비스Shuttle Bus Service

비즈니스를 마치고 주말에 조용히 시내 관광을 하고 싶을 때 대중교통을 이용하는 것도 좋은 방법이지만 호텔이서 운행하는 셔틀버스를 이용하는 것도 좋은 방법이다.

외지에서 온 초행인 여행객들에게도 호텔의 셔틀버스는 이동에 있어 쉽고 편리한 서비스이다. 셔틀은 호텔 주위의 관광지 및 공공교통시설을 이용할 수 있도록 지하철역이나 기차역까지 운행 스케줄을 만들어 고객들에게 편의를 제공한다. 투숙객이라면 누구나 호텔 셔틀버스를 무료로 이용할 수 있다. 코스는 호텔에서 고객들이 가장 선호하는 장소를 선별하여 한 시간 정도의 코스로 구성하고 있다.

호텔의 로비가 사라진다

사회생활을 하게 되면 좋든 싫든 사람들을 만나야 한다. 세상에 태어난 순간부터 부모와의 첫 만남을 해야 하고, 학교에서는 친구와 선생님을 만나야 한다. 그리고 성장한 후에도 사람들과의 만남 없이는 생활할 수가 없다. 그만큼 만남은 필수적이며 처음 만난 사람을 얼마나 빨리 파악하고 대응하느냐에 따라 관계가 쉽게 풀리기도 한다.

처음 만난 사람을 평가하는데 얼마나 많은 시간이 필요할까? 의외로 사람을 평가하는 데는 그리 많은 시간이 필요하지 않다. 사람을 처음 만났을 때 첫인상이 그 사람을 좌우한다. 처음 만난 사람을 평가하는 데는 만난 지 7초면 충분하다는 연구 결과가 있다. 그렇기 때문에 그 짧은 7초 사이에 자신을 간략하게 그리고 명확한 인상을 주며 소개해야 한다.

호텔도 마찬가지이다. 고객이 호텔을 선정하고 방문했다면 로비에 들어온 단 7초만에 그 호텔의 이미지를 파악할 수가 있다. 7초 후에 벌어지는 모든 평가는 첫 이미지인 로비에서부터 영향을 받는다. 로비의 첫 이미지에 따라 고객은 투숙 기간 중 받은 직원들의 서비스까지도 영향을 주게 된다. 그래서 호텔에 있어서 로비는 중요할 수밖에 없다.

처음으로 호텔을 방문한 고객은 크고 웅장한 로비를 보고 압도되고 만다. 마치 파이터가 링 위에서 처음 마주한 덩치가 큰 상대를 보고 압도되는 것과 같이 순간 온몸이 경직되고 만다. 로비가 없는 호텔을 방문해 본 적이 있는가? 최근에는 호텔의 꽃이라고 할 수 있는 호텔의 로비가 사라지고 있다. 설령 있다고 하더라도 우리가 흔히 알고 있는 넓고 높은 천고를 가진 웅장한 로비를 갖춘 호텔을 이제는 찾아보기가 쉽지 않다. 고객과 고객이, 그리고 고객과 직원이 함께 할 수 있는 유일한 공간인 로비마저도 사라지고 있다.

일반 오피스건물을 호텔로 개조하여 운영하는 호텔들이 생기고, 분양형 호텔들이 즐비하다보니 건축단계에서부터 호텔의 상징인 로비를 염두에 두지 않고 건축하기 때문에 신규호텔들에게는 당연히 로비란 존재하지 않는다. 이 로비는 점차 협소화되어 로비의 기본 기능인 사교공간의 역할을 하지 못하거나 손님 몇 명이 간신히 자신의 캐리어를 끌고 들어올 수 있는 정도로 좁아 손님과 직원이 만나는 최소의 공간마저도 없어지고 있다. 이런 호텔에 들어서는 순간 고객은 실망하게 된다. 당연히 호텔에 대한 첫 이미지가 좋을 리 없다.

일반인 중에 로비에 대한 개념을 가장 잘 이해한 사람이 있다. 바로 애플의 CEO인 스티브 잡스이다. 스티브 잡스는 그가 몸담고 있던 회사인 픽사의 건물을 지을 때 만남과 협력을 독려하는 공간으로 건물을 설계하라고 했다. 그는 직원들과 사람들이 사무실에 나와 로비와 같은 공간을 통해서 만남과 협력을 하지 않으면 혁신을 이룰 수 없다고 하여, 모든 사람들이 건물의 중앙 로비에서 만남을 할 수 있게 공간을 설계하였다. 결과적으로 중앙 홀인 로비는 몇 개월간 만나지 못했던 직원과 직원들의 만남의 공간이 되었다. 그리고 회사는 혁신과 발전을 이룰 수 있었다.

스티브 잡스가 설계한 픽사의 로비는 아니지만 호텔 로비는 고객과 직원과의 유일한 소통의 공간이며 하루의 업무와 마감을 준비하는 공간이다. 그리고 로비는 호텔을 찾아온 고객과 직원을 연결해 주는 가교의 역할도 함께 한다. 모든 일은 로비에서 자유롭게 이루어지고, 로비는 아침을 맞는 사람들과 헤어짐으로 아쉬워하는 고객들로 항상 북적인다. 또한 로비에는 서비스를 제공하려는 호텔 직원과 서비스를 받는 고객이 함께 모일 수 있는 유일한 공간이기도 하다.

로비는 사적인 공간이며 공적인 공간이다. 개개인이 만나는 사교의 공간이지만, 개인이 잠시 머무는 휴식 공간이기도 하다. 로비가 있음으로써 만남이 있고, 이 만남은 고객과 직원, 직원과 직원, 그리고 고객과 고객을 하나로 이어주는 연결고리의 역할을 한다. 어찌보면 로비는 호텔업에서는 신성시한 절대적 공간이라고 할 수도 있다. 그러나 이러한 개념의 공간이 사라지고 있다. 아니 존재의 의미를 모르게 애초부터 무의 공간으로 작업을 진행하고 있다. 만남의 공간인 호텔의 로비가 사라지는 것은 매우 가슴 아픈 현실이다.

프런트에서 사라지는 박하사탕

호텔에는 체크인을 하는 고객이나 체크아웃을 하는 고객의 무료함을 달래기 위해서 준비하는 물건이 있다. 체크인과 체크아웃을 준비하는 프런트 직원을 멀뚱히 쳐다보기가 민망한 고객은 프런트 위에 놓인 박하사탕을 한 알 입에 문다. 그리고 그 박하사탕의 시원함과 달달함에 도취되어 사탕을 하나 더 꺼내어 자신의 일행에게 준다. 순간 고객들은 박하사탕의 오묘한 맛에 반해 버린다. 『성경』에 나오는 이브가 신이 먹기를 금지한 선악과를 몰래 따 한입 베어 물고 자신의 반쪽인 아담에게 주었던 것처럼, 그들은 잠시 선악과의 맛에 흠뻑 빠져든다. 선악과는 아니지만 호텔을 찾는 고객은 프런트에 준비된 박하사탕에 빠져든다.

D푸드를 운영하고 있는 은성현 대표는 레스토랑에서 사탕을 주는 이유를 이렇게 설명하고 있다.

"레스토랑에서 제공되는 음식은 종류에 따라 다양한 맛의 여운을 남깁니다. 그래서 고객들의 미각에 남아 있는 단맛과 짠맛을 중화시키기 위한 방법으로 다양한 후식을 제공하고 있습니다. 고급레스토랑에서 본 음식을 먹기 전에 애피타이저가 제공되고, 식사를 하고 난 뒤에 후식이 제공되는 것과 같은 이치입니다. 계산을 하고 나가는 고객들의 입에 남아있는 단맛과 짠맛을 없애기 위한 방편으로 사탕을 제공하고 있습니다."

박하사탕은 단맛을 제공할 뿐만 아니라 건강에 좋은 효능도 가지고 있다. 이 박하사탕의 원료인 박하는 중추신경을 흥분시키는 효과뿐만 아니라 열을 내리는 해열기능을 가지고 있어 몸에 열이 나는 사람에게도 좋다. 이는 박하가 차가운 성질을 가지고 있는 멘톨성분이 있어서이다. 그밖에도 해로운 균을 잡아주거나 억제해주는 작용뿐만 아니라 소염작용 및 진통작용도 있다. 이렇듯 박하사탕에 들어가는 박하성분은 다양한 효능이 있어 옛날에는 집 주위에 박하를 심어 상비약으로 사용했다고 했다.

호텔이나 레스토랑의 프런트에는 왜 박하사탕을 놓아둘까? 굳이 박하사탕이 아니더라고 식당이나 호텔 프런트에는 늘 고객을 의해 사탕이 수북이 쌓여있다. 이는 호텔에서 고객에게 제공하는 서비스의 한 항목일수도 있지만, 다른 의미로는 박하사탕이 가지고 있는 효과 때문이다. 바로 사탕이 주는 위력이다. 우리가 아무렇지 않게 생각하는 사탕은 의외의 효과를 가져다준다.

미국 코넬대학의 앨리스 아이센 교수는 재미있는 실험을 통해 사탕이 주는 효과에 대해서 연구를 진행했다. 무작위로 선발된 학생을 두 그룹으로 나누어 하나의 문제를 풀게 했다. 한 집단에는 사탕을 주고 문제를 풀게 했으며, 다른 한 집단에는 사탕을 주지 않은 상태에서 문제를 풀게 했다. 놀랍게도 결과는 사탕을 준 집단에서 문제를 더욱 잘 풀었다. 사탕은 사람의 기분을 좋게 하며 긍정적인 정서를 만들어 준다. 이처럼 사탕이 주는 효과는 바로 긍정의 효과이다.

또 다른 실험에서도 이러한 결과가 나타났다. 미국의 대형 종합병원인 헨리포드 병원에 있는 내과의사 44명을 상대로 한 연구결과에서도 이와 동일한 결과가 나왔다. 사탕 한 봉지씩 받은 의사들은 사탕을 받지 않은 의사들에 비해 창의성 테스트에서 훨씬 높은 점수를 받았다. 사탕을 받은 의사는 긍정의 마음을 가지게 하여 문제를 훨씬 더 잘 풀 수 있게 했을 뿐만이 아니라, 더욱 중요한 것은 환자를 치료하는 것이 보람이 있다는 긍정의 마인드를 가진다고 했다.

긍정의 마인드는 자신을 변화시키고 다른 사람에게 봉사하려는 마음을 지니게 한다. 몇 푼 안 되는 박하사탕의 효과는 이처럼 사람을 변화시키고 긍정의 마음을 가지게 한다. 박하사탕 하나로 인해 고객은 호텔과 동일시되는 긍정적 정서를 유발하게 된다. 호텔의 프런트에서 체크인이나 체크아웃을 하는 고객들에게 제공되는 작은 박하사탕 하나가 이렇듯 고객에게까지 긍정의 마음을 전달할 수 있다.

하얏트 호텔의 경우, 고객들에게 민트(박하)를 제공한다. 외국의 앰버서더 호텔에서는 이러한 민트 대신 바게트를 선물로 고객들에게 제공하며, 미국의 라스베이거스에 있는 일부 호텔에서는 체크인과 체크아웃을 하기 위해 길게 늘어선 고객들을 위해 간단한 음료를 서비스한다. 물론 그에 따른 충분한 투숙 비용을 지불하고 온 고객들이기 때문에 그러한 서비스가 가능하지만, 이는 단지 고객서비스 차원이 아닌 체크인한 고객들이 장시간 대기하며 갖게 되는 컴플레인을 줄이기 위한 이유도 있다. 호텔은 이러한 비용을 아낌없이 고객들에게 투자함으로써 호텔에 대한 긍정적인 이미지를 심어줄 수 있다.

그러나 최근에는 호텔에서조차 고객 서비스 차원에서 제공되고 있던 사탕이 사라지고 있다. 고객들에게 제공되는 사탕이 단지 비용이 든다는 이유로 호텔에서 사라지고 있다. 이제는 박하사탕 하나를 구매하기 위해 오너에게 사탕이 주는 긍정의 의미를 설명해야만 하는 비용절감의 시대가 된 것이다. 하루에 리필하는 사탕값으로 들어가는 비용을 생각하여 하나씩 항목을 줄여야만 하는 호텔리어로서는 사탕이 프런트에서 사라지고 있는 것에 마음 한편이 씁쓸하기만 하다. 고객들이 먹고 싶은 사탕도 없는 삭막한 환경의 호텔로 변해가고 있는 것이다.

체크인하는 호텔의 프런트에 고객을 위한 박하사탕이 준비되어 있는가를 한번쯤 확인해보자.

독종호텔이 살아남는다

어떤 기업이 성공하느냐, 실패하느냐의 실제 차이는 그 기업이 소속되어 있는 사람들의 재능과 열정을 얼마나 잘 끌어내느냐 하는 능력에 의해 좌우된다고 나는 믿는다.

– 토마스 왓슨

제 6 장

무엇이 우리를 독하게 만드는가?

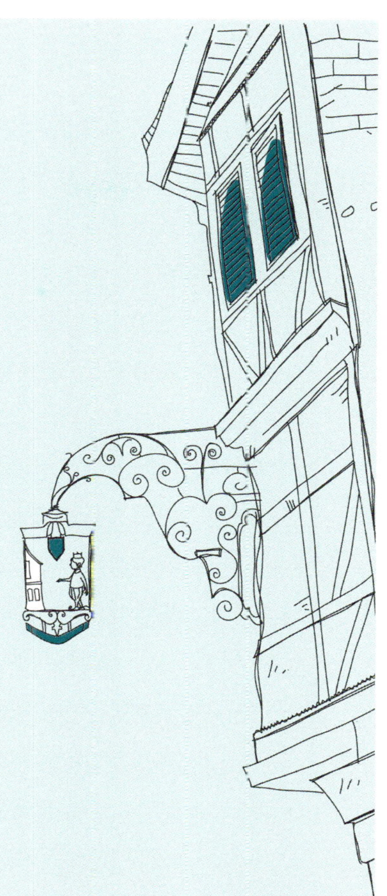

어느 누구는 독해지는 것은 무척 힘들고 어렵다고 한다. 천성적으로 독해질 수 없는 사람도 있다고 한다. 그만큼 독해지는 것은 뼈를 깎는 노력이 필요하다. 그리고 그만큼 가슴 아픈 일이기도 하다. 왜 독해져야 하는가라는 질문을 한다면, 필자는 사랑하기 때문에 독해져야 한다고 이야기하고 싶다. 사람에 대한 사랑, 가족에 대한 사랑, 그리고 자신의 일과 직업에 대한 사랑, 그 사랑이 없으면 독해질 수가 없다. 그래서 필자는 착한 사람도 독해질 수 있다고 본다. 물론 기업도 독해질 수가 있다.

아무리 천성이 착하고 심성이 고운 사람도 주위의 환경이나 주위의 사람들에 의해 독해질 수 있다. 오히려 심성이 못된 사람보다 평소에 말없고 남을 배려하는 사람이 변하면 더욱 독해진다. 그리고 독해진 사람은 반드시 생존을 하게 된다. 독함은 사람을 변화시키고 생존케 한다. 기업도 생존을 위해 독해진다. 그래서 연초가 되면 대부분의 기업 총수들은 직원들을 모아놓고 독해지라고 주문한다. 독해지면 기업 또한 생존할 수가 있다. 기업의 궁극적인 목표가 지속가능한 기업이 되는 것이라면 회사가 독해진다는 것은 어찌 보면 당연한 일이다. 그래서 총수들은 직원을 독하게 만들려고 한다.

가만히 있다고 자연적으로 독해지는 것은 아니다. 독해지는 것은 무엇이든 계기가 있기 마련이다. 술을 물마시듯 하루도 거르지 않고 마시던 사람이 어느 날부터 갑자기 술을 한 모금도 입에 대지 않는다. 하루에 담배 한두 갑을 피우던 사람이 마치 다른 사람인 것처럼 담배 냄새만 맡아도 멀리 도망간다. 평소 학교에서 공부와는 담을 쌓고 지내던 친구가 오직 독서실에서 책과 씨름을 한다. 그들에게는 공통적으로 각자가 강렬히 원하는 무엇인가가 있기에 예전과는 다른 모습으로 독해지려는 것이다.

이들에게는 이들을 독하게 만든 어떤 특정한 계기가 있다. 이러한 계기로 인해 사람이 변하기도 하고, 회사가 변하기도 한다. 절대 변하지 않을 것 같던 사람이 갑자기 변했다면, 분명 그 사람을 변화시킨 계기가 있다.

호텔산업도 급격히 변화하고 있다. 20년 전의 호텔과는 너무나도 많이 변화했다. 호텔이 이처럼 독하게 변화된 것에는 여러 가지 요인이 있지만, 이러한 변화로 인해서 호텔은 과거와는 전혀 다른 도습으로 변화할 수 있었다.

필자는 앞으로도 호텔이 긍정적인 방향으로 변화하여 발전하기를 바라며, 본 장에서는 호텔의 변화를 가져오는 여러 요인 중 잘못된 관광정책과 호텔의 공급 그리고 시장의 파이에 관한 이야기를 해 보고자 한다. 이러한 요인을 통해 호텔은 더욱 강한 독종으로 성장할 수 있을 것이다.

잘못된 서비스, 관광정책

한국의 관광산업은 외국인 유치를 중심으로 이루어져 왔다. 가진 자원이 없는 나라에서 수출과 외국인 관광객 유치가 유일한 수입원이었기 때문에, 경제발전 초기엔 자연히 관광산업도 국가의 중심산업으로써 역할을 다해왔다.

이러한 과정에서 한국 관광산업은 기생관광이라는 수치스러운 오점을 남기기도 했지만, 1970년대에는 일본의 깃발부대라는 단다이 세대를 유치하여 많은 외화를 벌어들였다. 그리고 점차 국가의 경제 규모와 국력이 성장하고 한국의 문화가 전 세계인들에게 인기를 끌기 시작하면서 관광산업은 다시 한류라는 새로운 콘텐츠를 가지고 세계인들을 사로잡았다.

그러나 절대적인 숙박시설과 관광 인프라의 부족으로 인해 조금씩 성장하던 한국 관광산업은 밀려오는 외국인을 수용하지 못하여 2012년도부터 시행한 일시적인 「관광시설 확충을 위한 특별법」에 의해 호텔 건축 시 용적률 상향조치 등의 각종 인센티브를 제공하여 객실 공급을 확대하였다. 이로 인해 우후죽순 격으로 호텔이 증가하여 일시적이지만 객실 공급이 증가하게 되었다.

한국에 찾아오는 외국인이 늘지 않은 상태에서 객실 공급이 증가하다보니 자연스럽게 기존호텔 및 신규호텔들의 아우성이 끊이질 않았다. 이러한 측면에서 한국보다 먼저 관광정책을 수립하고 실행한 일본의 경우는 단기적인 관광정책을 실행하고 있는 한국 관광시장 및 호텔시장에 올바른 방향을 제시해 줄 수 있는 좋은 본보기이다.

일본은 1966년 동경올림픽을 치러낸 뒤 호텔 및 숙박시설들이 무제한적으로 증가했다. 한국보다 외국인 유치 인원이 적었던 일본에서 숙박업의 증가는 재앙 수준이었다. 올림픽을 겨냥해 지은 수많은 호텔들의 객실은 그대로 공실로 이어져 흑자는커녕 오랜 시간동안 적자에 허덕여야만 했다.

이후 외국인의 증가로 인해 일본 호텔산업은 점차 회복단계로 접어들어 2015년부터는 외국인 유치인에서 한국을 훨씬 앞서는 관광대국이 되었다. 잘못된 수요예측으로 인해 일시적으로 건설된 호텔로 인해 십 수 년을 고생했지만, 다행히 외국인 유치정책으로 인해 이제는 어느 정도 객실을 판매할 정도로 호텔시장이 회복되었다.

하지만 일본은 또다시 과거의 시행착오를 반복하고 있다. 체계적인 관광정책 수립을 등한시하고 무작위로 호텔 객실을 늘리고 있다. 일본은 그전과는 비교도 안 될 정도로 규모가 큰 새로운 호텔들이 오픈하고 있다. 잠시 호황을 누리던 호텔들은 또다시 증가한 호텔들과 관광객 감소로 50년 전의 아팠던 악몽을 반복하고 있다.

현재의 한국 호텔시장도 일본과 같은 과정을 겪고 있다. 2012년부터 시행된 정부의 호텔산업 육성정책으로 진행된 호텔건설 붐은 수많은 호텔건설과 객실을 공급해 주었지만, 현재는 넘쳐나는 객실을 채울 수가 없어 그대로 객실공급 과잉상태로 남고 있다. 이러한 단기처방식 관광정책으로 인해 호텔들은 서로간의 출혈 경쟁을 하며 힘든 시간을 보내고 있다. 정부가 호텔산업 육성정책을 순차적으로 실행했다면 호텔업은 지금쯤 안정화를 찾아가며 좀 더 내실 있는 성장의 시간을 가질 수 있었을 것이다.

모든 정책이 언제나 옳을 수만은 없다. 어떤 정책도 정책 초기엔 수많은 문제점을 가질 수밖에 없다. 정책 초기에는 그 정책이 옳은지 그른지조차 가늠하기가 쉽지 않아 정책을 입안하기에 앞서 정확한 시장에 대한 분석이 필요하다. 그러나 우리는 10년이란 시간 동안 정책의 시행착오를 경험했다. 한국의 관광정책은 이미 잘못된 시장 분석으로 인해 10년간 고통을 받아왔다. 정책을 수립하고 실행하는 정부에서는 시장경제의 발전에 맞춘 정책을 실행해야지 포퓰리즘을 지향해서는 안 된다.

이제는 지나간 정책에 대해 뒤늦은 평가를 하기보다는, 다시는 동일한 문제가 발생하지 않도록 관광생태계가 살아날 수 있는 정책을 만들어야 한다. 그래야 국민과 시장이 불안감을 느끼지 않는다.

호텔의 공급부족과 공급과잉

몇 년 전 호텔리어들 사이에서 호텔의 공급과잉과 공급부족에 대한 팽팽한 논쟁이 있었다. 동일한 산업에 종사하는 호텔리어 내에서도 이러한 이슈는 첨예하게 둘로 갈라졌다. 한쪽은 현재의 호텔공급이 너무나도 오버스펙으로 과잉되었다는 의견과, 다른 한쪽은 아직도 공급이 부족하다는 의견으로 양분되었다.

필자는 양쪽의 의견에 동의하지 않는다. 호텔의 공급과 과잉문제는 일시적으로 판단할 문제가 아니다. 그러나 현재의 상황은 일시적으로 발생하고 있는 현상임으로 좀 더 긴 시간을 두고 시장상황을 지켜봐야 한다. 이러한 공급과잉과 공급부족 현상은 장기적인 관점에서 투자를 하고 육성을 해야 하는 서비스 산업의 특성상 단지 몇 년간의 경험으로 공급과잉과 부족을 논하는 것 자체는 문제가 있다. 호텔산업은 긴 안목을 가지고 수 십 년의 투자와 정책을 통해 이루어져야 한다. 단시간 내에 근시안적 사고로 실행을 하고 평가를 한다면 지속적인 정책을 추진하지 못하고 혼란만 가중될 것이다. 이러한 특성을 잘 알고 있는 호텔리어들도 일시적인 현상을 보고 공급과잉과 부족이라는 이슈로 인해 대립하고 있는 것은 참으로 한심스러운 일이다.

1970년대부터 2010년대까지는 입국하는 외국인에 비해 한국의 호텔 숫자는 턱없이 부족하였다. 이 시기에는 분명 절대적인 호텔 부족 현상이 장기간 지속적으로 발생하였다. 그러나 지금은 수 십 년 전의 호텔과는 전혀 다른 상황이다. 한국의 경제 규모와 국제적인 위상이 커짐에 따라 한국을 찾는 외국인들과 바이어들이 늘어나게 되어 이에 따른 호텔의 공급도 함께 늘어나게 되었다.

그렇다고 현재의 상황을 공급과잉이라고 말하기에는 모순이 있다. 기존의 40년간은 특별한 호텔의 공급이 늘어나지 않아 절대적인 객실이 부족한 상황이 지속되었지만, 지금은 그때와는 달리 장기간의 공급과잉이 지속된 것이 아니라 불과 몇 년간의 공급과잉 상태가 지속되고 있다.

공급과잉이라고 하는 것은 어쩌면 기존의 기득권을 가진 호텔들이 주로 하는 이야기이다. 이들은 절대 공급부족이라고 말하지 않는다. 이들은 객실 공급과잉이라고 주장한다. 반대로 신규로 호텔시장에 진입하려는 이들은 공급부족이라고 말하지 절대적으로 공급과잉이라고 하지 않는다. 이러한 상반된 의견을 보이는 것은 시간이라는 중요요소를 배제했기에 발생하며 시장이 자연적으로 제자리를 찾는데 필요한 시간을 생각지 않았기 때문에 발생한다.

한국 호텔시장은 2010년에 발의된 「관광시설 확충을 위한 특별법」으로 인해 일시적으로 객실이 공급을 초과하게 되었다. 이러한 현상은 호텔들이 오픈하기 시작한 2012년을 시작으로 2021년인 지금까지도 꾸준한 객실 공급 현상이 지속되고 있다. 이러한 객실 공급은 기존에 한국을 방문하는 관광객이나 비즈니스객이 늘어나지 않는 한 객실 공급과잉이라는 악재로 찾아올 수밖에 없다. 그러나 일각에서는 이러한 생각은 일시적인 현상이며 점진적으로 증가하는 외국인들을 수용하기 위해서는 추가적인 공급이 필요하다고 말한다. 한국을 찾는 외국인 방문객은 2012년 11,140,028명에서 2019년에는 17,502,756명으로 2012년 대비 6,362,728명 증가한 상황으로 객실의 증가분을 그대로 소화할 수 있는 상황이라고 말한다.

2012년	2013년	2014년	2015년	2016년	2017년	2018년	2019년	2020년
인원(명)	인원(명)	인원(명)	인원(명)	인원(명)	인원(명)	인원(명)	인원(명)	인원(명)
11,140,028	12,175,550	14,201,516	13,231,651	17,241,823	13,335,758	15,346,379	17,502,756	2,519,118

자료 : 관광지식정보시스템

외국인 관광객 연도별 입국현황

연도	2012년	2013년	2014년	2015년	2016년	2017년	2018년	2019년	2020년
호텔업	786	896	1092	1279	1522	1617	1883	1983	2064
관광숙박업	966	1088	1293	1488	1738	1844	2111	2218	2301

관광숙박업 업체수

그러나 이러한 방한객의 증가에도 불구하고, 한국을 가장 많이 방문하던 일본인의 관광객이 절대적으로 감소한 상황과, 사드 사태 이후 한국을 방문하던 중국의 단체 관광객들의 감소로 인해 일시적인 고전을 면치 못하기도 했다. 투자자인 호텔 입장에서 본다면 많은 비용을 투자하여 일시적으로 투자금을 뽑아야 하는 상황에서는 당연히 공급과잉이라고 이야기할 수밖에 없다.

필자가 현장에서 세일즈를 하던 2000년 초에는 호텔이 부족한 상황이었다. 당시에는 외국에서 밀려오는 비즈니스객들과 레저고객들로 인해 호텔을 예약하기가 너무도 어려웠다. 그래서 정부는 호텔산업이 성장할 수 있게 많은 진입장벽을 허물었으며, 또한 호텔을 건립하는 자본가들에게 다양한 인센티브를 제공하여 호텔공급 문제를 해결하려 했다. 당시의 객실이 부족한 상황에서 호텔의 추가적인 공급은 어찌 보면 아주 당연한 일이었을지도 모른다.

그러나 2015년 이후에는 상황이 달라졌다. 2~3년 동안 급작스럽게 늘어난 호텔들로 인해서 호텔마다 영업이 안 된다고 직원을 해고하고 비용을 줄이는 상황으로 변하였다. 이러한 상황에서도 정책의 변화나 공급의 조절 없이 계속해서 허가를 내주면서 더욱 많은 호텔들이 건설되었다. 이러한 정부정책에 의해 일시적으로는 공급과잉의 현상으로 나타날 수도 있지만, 객실공급에 따른 시장은 자연적으로 치유의 시간을 갖고 그 시간 이후에는 일정부분 과잉문제가 해소되리라 생각한다.

이처럼 시장관점에 따라서는 관광정책이 객실 공급과잉을 초래했다고 할 수 있으며, 또 다른 관점에서는 아직도 객실공급이 필요하다고 주장할 수도 있다. 그러나 제도권 밖의 객실까지 합한다면 분명 객실공급이 수요를 앞서는 일시적인 과잉상태인 것은 분명하다.

이제는 10년 동안 수많은 사건과 사고 혹은 정책의 실행으로 인해 발생된 관광정책의 문제점 및 득실에 대해서 판단할 수 있는 시점이 되었다고 본다. 또다시 정부의 정책이 시장을 정확히 분석하지 못하고 우후죽순식으로 허가를 내주는 우를 범한다면, 호텔들은 지금보다도 더욱 깊은 긴 고통의 터널을 지나야 한다.

작아진 관광시장의 파이

호텔을 운영하다 보면 다양한 사업을 추가적으로 진행할 때가 있다. 이때 가장 중요시하는 것이 진출하려는 시장의 규모를 파악하는 것이다. 더불어 기존에 진출해 있는 업체들의 영업활동과 수익 여부를 확인하는 것 또한 중요하다. 이미 진출해 자리를 잡고 있는 업체들과 경쟁을 하더라도 성장을 할 수 있는 시장이라면 초기에 발생되는 리스크를 감수하더라도 사업을 추진해도 되겠지만 기존 업체들조차 적자에 허덕이고 있다면 애초부터 사업을 중단하는 편이 유리하다. 그 시장은 이미 포화상태가 되어 경쟁 자체가 무모한 도전이 되기 때문이다.

필자도 주변의 아는 지인들의 부탁으로 호텔과 관련된 비즈니스 모델을 기초로 한 사업계획서를 받아보는데, 대부분의 자료에는 시장의 규모를 제대로 분석하지 않은 채 가져오는 경우를 보게 된다. 이 경우 필자는 단호하게 시장 규모부터 파악한 후에 진행해도 늦지 않다고 조언을 한다.

한국이 시장우위를 보이고 있는 반도체시장은 호텔산업과 비교되지 않을 정도로 가장 치열한 경쟁을 벌이고 있는 산업군이다. 반도체

시장은 전체적인 시장규모를 키우는 작업도 진행하지만, 한편으로는 시장 내에서 생존을 위한 치열한 치킨게임Chicken Game을 하는 곳이다. 더 이상 시장이 확대되지 않는다면 자신의 생존을 위해 남을 죽이는 출혈경쟁도 불사한다. 그러나 이 출혈경쟁은 이길 수 있는 승산이 있어야 과감히 추진할 수가 있다. 이들 업체들은 출혈을 감수한 치킨게임을 통해 상대방을 제압하거나 고사시킬 수 있지만, 정작 본인들도 자신들의 정상적인 자리로 돌아오기까지 오랜 시간을 허비한다. 이 치킨게임은 곧 어느 한쪽에게는 생존을, 다른 한쪽에게는 성명을 잃을 수 있는 죽음의 게임이 되기도 한다. 이렇듯 시장의 파이가 작아질수록 경쟁은 심화될 수밖에 없다.

기업의 경우를 보면, 치킨게임을 하는 승자는 대부분 자금력이 있고 먼저 앞서가는 기술을 보유한 쪽이 승자가 되는 경우가 많다. 정확하게 말하면 치킨게임은 성장하는 후발주자를 죽이기 위한 게임이다. 그렇기 때문에 시장에 진출하기 위해서는 무엇보다도 시장의 파이가 어느 정도인지를 파악하는 것이 중요하다. 한국 호텔들 사이에 이슈가 되고 있는 공급부족과 과잉에 대한 명확한 해답도 여기에 있지 않을까 생각한다. 필자는 호텔들도 공급과잉과 부족에 관한 결론은 시장규모를 키우는 일이라고 결론짓고 싶다. 정책의 옳고 그름과 공급과잉과 부족을 논하기에 앞서 하루라도 빨리 우리의 시장규모를 키우는 방법을 찾는 일이 중요하다고 말하고 싶다.

정책과 현실이 괴리된 상황이 현재 호텔산업에 근무하는 모든 사람들에게 고통을 안겨주고 있다. 세계 많은 국가들은 그래서 자국 내의 육성산업 군이나 민감한 산업에 대해서는 자유롭게 진입할 수 있게 하는 것이 아니라, 일부 기업들에게 시장을 독점할 수 있는 특혜인 독점권을 인정해주고 있다.

우리의 호텔산업은 규제나 제한 독점권은 아니더라도 일시에 너무 많은 호텔들이 오픈을 하지 못하게 조절했어야 했다. 시장의 규모를 면밀히 검토하며 시장의 파이가 성장할 수 있게 규제를 완화하는 정책을 펼쳐야 했다. 일시에 인센티브를 부여하기보다는 진입 규제를 시장상황에 맞게 풀어가며 완급조정을 하는 정책이 더욱 바람직스럽다. 그래야 기존의 호텔과 새롭게 진입하는 호텔들이 함께 공존하며 성장할 수 있다.

지금은 서로의 고객을, 서로의 이익을 나누어갖는 시스템이다. 이러한 과잉경쟁에서는 제대로 된 수익을 낼 수 있는 호텔은 없다. 단지 A호텔로 갈 고객을 B호텔에서 좀 더 싼 가격으로 빼앗는 과정이 반복될 뿐이다. 어느 식당이 잘된다고 주위에 동일한 음식점이 우후죽순으로 오픈한다고 해서 모두가 잘 되는 것은 아니다. 그만한 고객, 즉 유동인구라는 파이가 있어야 하는데, 유동인구는 없는 상태에서 동일한 유형의 식당들이 생기면 대부분의 식당은 적자를 낼 수밖에 없다.

한국 호텔시장은 2012년부터 시작된 호텔 건설 붐으로 인해 객실의 공급과잉이라는 일시적인 문제에 시달려야 했다. 불과 10년 전만 해도 고객들이 이용할 수 있는 호텔이 많지 않아, 고객들이 호텔을 선정하기보다는 호텔이 고객을 선정하는 상황이었지만, 지금은 고객 유치를 위해 최소의 운영비용 이하의 가격으로라도 고객을 유치해야만 하는 상황이다. 더욱이 객실 공급과잉 속에서 2008년부터 공교롭게도 한국 호텔과 관광산업에 1위를 점하고 있던 일본 관광객들이 약속이라도 한 듯 썰물처럼 빠져나가기 시작했고, 2017년 사드배치로 인해 중국인들이 한국을 배제시키는 상황이 발생되어 한국 관광산업과 호텔들은 일찍이 겪어보지 못했던 어려운 상황을 맞았다. 그리고 일시에 늘어난 객실들을 해결할 묘수를 찾지 못하였다.

이러한 문제점을 해결할 수 있는 방법은 없을까? 생각처럼 쉽지는 않겠지만, 이러한 문제의 유일한 해결책은 시장의 파이를 키우는 일이다. 파이를 키우는 목적은 혼자서 많은 파이를 먹기 위해서가 아니다. 파이를 키운다는 것은 타인과 타 산업과 타 국가와 협업을 하여 동반성장을 하자는 의미이다. 그렇기 때문에 파이를 키우면 함께 갈 수가 있다. 이미 객실이 늘어난 상태에서는 객실의 많고 적음을 논하는 것은 무의미하다. 해결책은 객실을 채워줄 고객 즉 시장의 파이를 키우는 일만이 유일한 방법이다. 기존의 시장이 아닌 새로운 시장을 찾아 파이를 키우면 모두가 함께 같이 갈 수가 있다. 일본과 중국이 감소하면 새로운 미주나 유럽, 동남아시아의 고객으로 시장을 확대해야 한다. 비즈니스고객이 감소하면 레저고객으로 시장을 확보해야 한다. 단순히 관광을 목적으로 한 관광객이 줄어들었다면 한류와 연결된 한류 팬을 대상으로 한 새로운 고객을 유치하고, 한국의 의료와 관련된 의료관광객을 유치해야 한다. 외국인 유치가 힘들다면 그동안 등한시했던 국내의 내국인을 신규로 유치해서 파이를 키워야 한다.

변화의 최전선에 서있는 서비스산업은 새로운 돌파구를 찾아야 한다. 언제까지 공급과잉과 부족을 이야기하며 정부를 탓할 수만은 없다. 언제까지 작아진 파이로 인해 배가 고프다고 어린 아이처럼 울고만 있을 수는 없다. 이제는 질적 · 양적인 파이를 동시에 키워야 한다.

파이를 키우는 길만이 모두가 살 수 있는 방법이다.

COVID-19

인류는 보이지 않는 수없이 많은 외부의 세균에 의해 공격을 받고 살아간다. 작은 감기에서부터 흑사병에 이르기까지, 아직까지 그 원인과 해결책을 찾지 못한 크고 작은 세균에 의해 세상은 조금씩 독하게 변화되었다.

1918년에 발생한 스페인 독감으로 인해 2천만 명이 목숨을 잃었다. 그리고 2020년에 또다시 스페인 독감과 같은 세상을 바꿔놓은 사건이 발생했다. 시작된 원인조차 알 수 없는 신종 코로나19이다. 눈에 보이지 않는 작은 세균 하나로 인해 평화로웠던 세상은 1년 이상을 지역 간 국가 간 이동이 제한되고 경제활동의 제약은 물론 사람들은 자신의 소중한 일상까지도 잃고 힘든 삶을 살아가고 있다. 함께 모여서 생활하던 평화로운 세상은 개인 위주의 사회로 변화하고, 직장과 직업도 사람과의 접촉을 줄이는 비대면 방식으로 변화되었다.

이제는 사람 간의 따듯한 교감이 사라지고, 사람을 기피하는 현상이 생기고, 마스크를 쓰지 않고 거리를 다니는 사람을 보면 불안감과 불쾌감을 느끼며 적대시한다. 언제 끝날지 모르는 이 무서운 코로나19와의 싸움에서 우리는 결국 승리를 하겠지만, 팬데믹 이후에 맞이할 세상은 우리가 살아왔던 기존의 세상과는 너무나도 다른 세상을 살게 될 것이다. 이 코로나19는 눈에도 보이지 않고 정확한 전파 경로도 알기가 쉽지 않아, 모든 사람들의 이동을 강제로 통제할 정도로 무서운 전염성을 가지고 있다. 초기 발생한 국가들은 기본적인 사람 간 이동을 제한하는 강제 이동제한 조치까지 내려가며 바이러스를 잡으려 노력할 정도로 심각한 상황을 맞고 있다. 내가 알지 못하는 사이에 주위의 사람으로부터 나를 감염시키고, 내가 알지 못하는 사이에 우리의 가족을 전염시키는 아주 무서운 바이러스이다. 그래서 개인뿐만이 아닌 모든 사람들이 서로 조심하며 남과 나를 배려하는 생활을 해야 한다.

코로나19는 전염성도 무섭지만, 최악의 경우에는 사람의 목숨까지도 앗아가기 때문에 사람들은 정상적인 사회생활에 제약이 따른다. 우리나라만 해도 이미 산업 전반에 걸쳐 사람 간 접촉을 피하는 비대면 시스템으로 변하였다. 기존의 삶이 사람과 사람이 만나서 형성된 삶이었다면, 앞으로 전개될 세상은 사람을 만나지 않거나 최소한의 만남을 통해 이루어지는 세상으로 바뀌는 것이다. 학교 수업을 진행하던 필자도 학기 내내 학생들과의 대면 수업이 아닌 비대면 수업을 진행했다. 당시 대학교에 갓 입학한 필자의 막내도 수업이 비대면으로 진행되어, 교수 얼굴과 친구 얼굴도 보지 못하고 인터넷강의로 수업을 들어야만 했다.

이렇듯 모든 사회생활에 있어 이제는 대면보다는 비대면 접촉을 통한 활동으로 전환되었다. 집에서도 쇼핑몰이나 마트를 가지 않고 인터넷으로 주문을 한다. 그리고 주문을 한 물건이 도착해도 물건을 문 앞에 놓고 가면 조심스레 현관문을 열고 물건을 픽업한다.

사회전반에 걸쳐 사람과의 만남을 꺼리는 대인 기피현상은 호텔에서 진행하는 각종 모임과 행사도 경로파악이 가능한 소규모 행사만 허용되어 호텔리어들의 설자리를 위협함은 물론 생존까지도 위협하고 있다. 이는 호텔의 자동화 · 무인화보다도 더욱 위협적인 상황이 되었다. 호텔은 타 산업에 비해 외부적인 충격에 가장 먼저 반응하고 가장 늦게 회복되는 특성을 가지고 있다. 최근 몇 년간 호텔산업은 크고 작은 사건에 의해 산업 전체가 천당과 지옥을 오가기도 했다. 이는 호텔을 가장 많이 이용하는 외국인들의 감소를 가져와 호텔업이 영향을 받을 수밖에 없기 때문이다.

지금까지 호텔업에 악영향을 주는 사건들이 국내 · 외적으로 무수히 발생되었다. 가깝게는 2013년도의 사스, 2008년의 금융위기, 9·11 테러, 그리고 세계 각국에서 벌어지고 있는 각종 테러와 소규모 전쟁들이 호텔업에 지대한 영향을 미쳤다. 그러나 지금처럼 전 세계적으로 경제를 마비시키는 사건은 일찍이 없었다.

우리는 현재 보이지 않는 작은 세균으로부터 가장 위협적인 도전에 직면해 있다. 전 세계적으로 사람들이 하루에도 수백 명씩 죽어가고 있는 상황에서 제대로 활성화된 사회가 될 수는 없다. 특히 경제가 정상적으로 돌아가야만 영업이 가능한 호텔업의 경우에는 더욱 힘겨운 현실을 맞고 있다. 결국 세상도 차츰 이러한 시스템에 적응해 가며 살아가겠지만, 사람 대 사람 간 서비스를 주로 진행하는 호텔은 예전과 같은 인적서비스만을 고집하며 운영하기란 쉽지 않을 것이다.

우리도 이 상황을 강하게 버텨내야만 내일을 기약할 수 있다. 1년이 넘는 시간동안 우리는 코로나로 인해 불안과 절망 속에 살아왔지만 그로인해 우리는 더욱 독해졌다. 코로나19 이후의 세상은 독한 호텔들만이 살아남는 세상이 될 것이다.

변 화

우리는 변화의 시대에 살고 있다. 기존의 산업이 변화하고, 기후도 변화하고, 사람도 변화하고 있다. 심지어 사람이 가지고 있는 사상 또한 변화하고 있다.

18세기 중엽 영국에서 시작된 1차 산업혁명은 기존의 농업 위주의 초등생산업을 공업화라는 대량생산 체제로 바꾸어 놓았다. 1차 산업혁명은 이후 유럽과 미국, 그리고 아시아로 이어져 세계로 확산되고 인간 삶의 전반적인 구조를 바꾸어 놓았다. 산업화로 인해 기존에 사람들이 살아오던 생활방식, 노동력, 주거방식, 정치형태, 금융 등 인간의 삶은 큰 변화를 맞게 되었다. 그리고 전기 에너지를 기반으로 한 2차 산업혁명과, 인터넷을 기반으로 한 3차 산업혁명은 지금도 세상을 급속히 변화시키고 있다.

특히 가장 빠른 변화를 이끌고 있는 산업인 자동차 산업은 초기의 화석연료에서 뽑아낸 휘발유를 사용하던 방식에서 이제는 공해 발생이 없고 관리가 편리한 친환경에너지인 태양광을 이용한 방식이나 전기, 수소를 이용하는 자동차시대로 변화하고 있다. 세계적 자동차 그룹인 포드는 내연기관을 만드는 브라질에 있는 자동차 생산공장

세 곳을 폐쇄했다. 이러한 조치 이후 포드는 전기차 생산에 대대적인 투자를 하고 있다. 포드 이외에도 GM은 2030년까지 30종의 전기차를 만들 계획을 가지고 있다.

이러한 변화는 기존의 디젤과 가솔린시대가 가고, 새로운 전기차와 수소차의 시작을 예고하고 있다. 한국의 대표적인 자동차 기업인 현대자동차도 2020년 새로운 전략을 발표했다. 현대자동차는 기존에 출시한 가솔린과 디젤 등의 신차 출시를 2030년부터는 전면 중단한다고 발표했다. 그리고 전기차와 수소차 같은 친환경적인 회사로 전환하겠다고 했다. 이미 전기차는 양산체제로 전환하여 2025년까지는 기존 휘발유를 사용하던 내연기관을 전기차로 빠르게 전환하는 계획을 가지고 있다. 그러나 한때 자동차 시장에서 선두자리를 지키던 일본의 도요타 자동차는 현대나 포드, GM처럼 변화하는 시대의 흐름을 읽지 못하고 아직도 기존의 내연기관 자동차 생산에 매달려 점차 시장점유율을 잃고 있다.

이렇듯 자동차 업계의 변화 외에도 의료, 건축, 영화 산업 등의 다양한 산업군까지 변화의 움직임이 일어나고 있다. 기존 산업에 영향을 주었던 인구 증가와 이동거리의 단축, 이동수단의 발전 등으로 변화했던 호텔업계도, 기존에는 영향을 미치지 못하던 기후, 종교, 고령화, 기계화 등의 영향으로 호텔산업은 새로운 국면을 맞고 있다. 또한 플랫폼이라는 새로운 형태의 시스템으로 인해 급격히 호텔시스템에게까지 변화를 요구하고 있다.

제3차 산업의 꽃인 호텔산업은 다른 산업군과의 밀접한 업무 연관성을 가지고 있어 다른 산업에 비해 다양한 협업이 가능한 산업이다. 그렇기 때문에 언제나 타 산업의 변화를 일찌감치 읽어내어 그들과 협업을 진행해 왔다. 그러나 코로나19로 인해 가장 심한 타격을 받고 있는 호텔업은 현재는 다른 산업과 같이 변화에 빠르게 적응하지 못하고 도태되고 있다.

변화하는 시류에 편승하는 것이 무조건 좋은 것만은 아니지만, 호텔산업이 지금과 같이 변화를 읽어내지 못하고 시대와 함께 변화하지 못하면 오히려 호텔업은 변화를 당하거나 사라질지도 모른다.

변화하는 시대의 흐름을 빨리 읽고 발전하는 미래의 포드나 현대가 될 것인지, 도태되는 도요타가 될 것인지는 전적으로 우리의 노력 여하에 달려있다.

공유경제의 성장

앞으로의 세상을 이끌어갈 거인들이 성장하고 있다. 에어비앤비와 우버가 그 중심에 있다. 한국에서 법적인 문제로 잰걸음을 하는 에어비엔비와 우버는 플랫폼을 기반으로 자신의 물건, 공간, 심지어 지적재산까지도 공유하고 있다. 그중에서도 호텔들과 경쟁해야 하는 대표적인 업체인 에어비앤비는 급속도로 성장하고 있다. 호텔도 정형화된 호텔이라는 건물에서 벗어나 호텔 밖의 세상을 살펴봐야 한다. 향후의 경쟁은 호텔과 호텔 간의 경쟁이 아닌, 플랫폼을 기반으로 성장하는 공유 숙박시설인 에어비앤비와 같은 업체들이 호텔의 막강한 경쟁자로 등장할 것이다.

공유경제의 성장은 어떻게 호텔산업을 바꿀 것인가? 앞으로의 세상은 호텔의 소유 개념이 없어지지 않을까? 최근에 일고 있는 다양한 형태의 이 공유경제는 수많은 삶의 방식을 바꿔놓고 있다. 자기 소유가 없어지는 세상, 이러한 무소유의 세상은 자신의 삶뿐만 아니라 사람들의 삶에도 변화를 가져오고 있다. 자신의 자동차 대신 공동이 사용하는 자동차를 이용하는 세상, 자신의 집이 사라지고 함께 사용하는 공동의 주택을 이용하는 세상, 심지어 자신이 사용하던 개인용품까지도 함께 사용하는 공동의 세상이 오고 있다.

개개인이 자동차를 소유하다보니 출·퇴근 시간에 벌어지는 도로의 정체는 거의 재앙수준이다. 출근을 위해 동일한 시간에 시내로 출근을 하다보니 수많은 차량들이 도로를 점령한다. 편리함을 위해 개인이 구입한 차량이지만, 이쯤 되면 자동차는 개인과 타인들에게 애물단지가 되어버린다. 이로 인해 시내에서는 매일 상습적으로 주차문제와 길 막힘 현상이 반복적으로 발생되고, 이들을 수용한 주차장과 도로를 확충하는 일도 만만치가 않다. 정부는 이러한 문제를 해결하기 위해 대중교통 체계를 정비하고 대중이 이용할 수 있는 버스와 지하철 등을 늘려 문제해결을 하려 하지만, 이 방법은 상대적으로 많은 시간과 돈이 필요하여 쉽지만은 않다.

공유경제는 이러한 문제를 해결할 수 있는 근본적인 해결책은 될 수 없지만 대안이 될 수는 있다. 자동차를 구매하기보다는 타인과 공유하여 출·퇴근에 이용하기도 하고, 볼일을 보기위해 방문하는 업체를 공유자동차를 이용해서 이동을 한다. 이쯤 되면 시내에서 반복적으로 벌어지는 교통난은 어느 정도 해결되지 않을까?

공유경제가 가져올 또 다른 변화는 주거문화의 변화이다. 특히 호텔산업의 경우 2008년에 처음으로 시작한 에어비앤비가 를 모델이 된다. 에어비앤비의 시작은 조게이비와 그의 친구 브라이언 체스키가 샌프란시스코의 비싼 아파트의 세를 구하기 위해 처음으로 임대사업을 시작하면서였다. 이들은 사업을 시작한지 불과 10년 만에 에어비앤비의 가치를 세계적인 호텔 그룹인 힐튼의 가치를 뛰어넘는 거대기업으로 성장시켰다. 이러한 에어비앤비의 성장은 숙박업의 가장 강력한 경쟁자이다.

호텔들은 자신 눈에 보이는 것만을 경쟁자로 생각한다. 호텔 주위에 있는 동급의 호텔만을 경쟁자로 생각하고 가장 강력한 경쟁자인 에어비앤비와 같은 공유숙박 업체는 경쟁자로 인식하지 못하고 있다. 그러나 호텔들이 이처럼 안일한 생각에 빠져 자만하고 있을 때에, 에어비앤비는 기존의 호텔들보다도 더욱 빠르게 성장하고자 자신들의 체력을 한층 업그레이드시키고 있다. 그들은 호텔들과의 결전의 날을 위해 발톱을 숨기고 준비 중인지도 모른다.

어느 날 호텔들은 에어비앤비의 날카롭고 강한 펀치에 맥없이 쓰러지는 상황을 맞이할 수도 있다. 거대 몸집을 가진 호텔들이 자신의 큰 몸집을 주체하지 못하고 휘청거릴 때, 빠르게 숙박 트랜드를 읽어내고 준비한 에어비앤비는 시장을 선점해 나갈 것이다. 그리고 앞으로도 그들의 성장은 더욱 빠르고 대담해질 것이다.

온라인 업체(OTA)의 성장

필자와 필자의 부모세대에는 물건을 살 때 직접 가게를 방문하여 구매할 물건을 손으로 만져보고 눈으로 확인한 후 마음에 드는 물건을 구매하였다. 시간이 흘러 어른이 된 지금도 온라인으로 물건을 구매하기보다는, 직접 현장을 찾아가 눈으로 물건을 확인하고 구매하는 편이 익숙하다.

지금의 젊은 세대들은 손에 든 핸드폰을 이용하여 자신이 필요한 물건을 온라인으로 검색하고 즉시 구매를 한다. 아이들이 필요한 물건을 사달라고 요청하면, 자동차로 쇼핑몰이나 대형마트를 찾아가 물건을 구매하던 시대에서, 이제는 핸드폰 하나로 필요한 물건을 즉시 구매할 수 있는 온라인시대로 바뀐 것이다. 그것도 부족하여 구매한 물건을 주문한 당일에 받을 수 있는 당일 배송시대가 되었다. 서비스를 제공하는 입장에서는 구매와 배송을 위해 쉴 틈 없이 일해야겠지만, 구매자 입장에서 본다면 이처럼 살기 좋은 세상이 되었다는 것이 마냥 좋고 신기할 따름이다.

이처럼 시대는 변하여 오프라인 구매보다도 온라인 업체를 통해 구매하는 편이 더욱 자연스러운 시대가 되었다.

2012년까지만 하더라도 호텔상품을 팔기 위해서는 오프라인 시장에 대한 의존도가 컸다. 외국인이나 일반고객을 유치하더라도 오프라인 여행사를 통해서 유치하는 물량이 온라인 시장을 능가했다. 그러나 2013년을 기점으로 점차 기업체와 외국인을 유치하던 오프라인 시장이 쇠퇴하며 기존의 시장은 새롭게 온라인 시장으로 재편되었다.

이로 인해 호텔 판매방식에도 많은 변화를 가져왔다. 불과 10년 전에 온라인 업체에서 호텔을 팔 수 있게 가격과 블록을 달라고 애걸복걸하며 찾아오던 시대는 사라졌다. 지금은 판매력을 갖추지 못한 호텔들은 오히려 객실을 좀 더 팔아달라고 판매에 대한 권한을 온라인 업체에 넘긴지 오래되었다. 호텔들이 자신의 물건을 팔면서도 오히려 업체에 의존하다보니, 막강한 판매력과 판매망을 가진 온라인 업체에 휘둘리는 일도 발생을 한다. 그러나 이러한 변화된 판매 방식을 부정하고 적응하지 못한다면, 호텔은 그 많은 객실을 온전히 팔수가 없게 된다. 이제는 오히려 온라인 업체가 없다면 호텔들은 생존할 수 없는 상황이 되었다.

그만큼 온라인 업체의 성장은 엄청나다. 장기적으로 볼 때 이러한 상황은 호텔의 성장에 도움이 되질 못한다. 자력으로 자신의 상품을 팔 능력이 없어 높은 수수료를 지불하고 온라인 업체를 이용하다보니, 정작 호텔 자신은 상품 판매능력을 상실하게 된다. 호텔을 이용하는 고객은 호텔의 충성고객이 되어야 하는데, 오히려 온라인 업체의 충성고객이 된다.

호텔에서 근무하다 보면 친근감을 느끼게 하는 고객이 있다. 이 고객은 장기숙박을 하면서 높은 단가의 객실을 사용하는 고객이다. 그러나 이러한 고객들은 매출은 높지만 대부분 온라인 업체를 통해서 예약을 진행한다. 필자에게는 이러한 고객보다도 더욱 친근감이 가는 고객이 있다. 바로 호텔로 직접 예약을 하는 고객이다. 이 고객의 예약은 호텔에서 온라인 여행사에게 지불하는 예약수수료를 지불하지 않아도 된다. 따라서 호텔마다 차이는 있지만, 어느 정도 영업이 되는 호텔들은 수수료를 지불하지 않는 예약실을 통해 예약하는 다이렉트 고객이나 호텔의 홈페이지를 통해서 예약하는 고객을 선호한다. 객실공급이 늘어난 이후 호텔들은 자신들의 객실을 채우는 방법으로 온라인 여행사를 선택하였다. 그리고 가장 저렴한 요금을 온라인 업체에 제공하여 유치하였다. 물론 매출 발생에 따른 별도의 수수료를 온라인 업체에 제공해야 한다. 이는 호텔의 영업에 영향을 줄 수밖에 없다. 그렇기 때문에 필자가 호텔로 직접 예약하는 고객에 대해 친근감을 느끼는 것은 어찌 보면 당연한 일이다.

이처럼 고객들은 호텔을 이용하기 위해 호텔의 홈페이지에 들어가 해당호텔의 상품을 검색하기보다는, 자신들이 자주 이용하는 몇몇 온라인 업체의 사이트에 접속하여 그중에서 가장 가성비가 높은 싼 호텔을 고르는 것에 익숙해져 버렸다. 그들은 기존에 알던 진정한 호텔의 고객이 아닌, 온라인 업체의 충성고객이 되어버렸다. 그들은 또다시 호텔을 이용할 기회가 있더라도 호텔 홈페이지가 아닌 온라인 사이트를 접속하여 예약을 진행할 것이다. 이처럼 바뀐 상황에서 온라인 업체는 어느 사이 호텔의 판매망과 함께 수수료에 대한 부분까지도 좌지우지하는 위치가 되었다.

얼마 전 이와 유사한 온라인 업체 플랫폼인 '배민'의 수수료 인상관련 뉴스가 전 국민적 공분을 샀다. 배민은 기존의 수수료를 인상하여 소규모 업자들이 감내하기 힘든 환경을 강요하여 국민적 이슈가 되었던 것이다. 결국 정부의 강력한 경고와 업주들의 반발에 부딪힌 배민은 한 발 물러서 수수료를 기존의 방식대로 유지하였다. 이러한 문제는 비단 배민만의 문제는 아니다. 호텔과 운명을 같이하는 온라인 업체들, 즉 OTAOnline Travel Agency 업체들의 수수료 문제 또한 이와 다르지 않다.

그들은 호텔과의 공존보다는 그들의 수익에 집중을 한다. 그들은 호텔과의 협력을 통해 공존하는 방법을 제시해야만 한다. 그들이 지금과 같이 공존보다 자신들의 수익에만 집중한다면, 호텔들도 자력으로 살아남을 방법을 찾아야 한다. 불과 10년 전 오프라인에서 온라인 세대로 바뀌듯 앞으로 10년 후의 강자는 누가 될지 모른다. 호텔이 지속적으로 생존하고 살아가기 위해서는 시장을 미리 읽을 수 있는 혜안과 그에 따른 행동이 필요하다.

제 7 장

인구 절벽의 시대

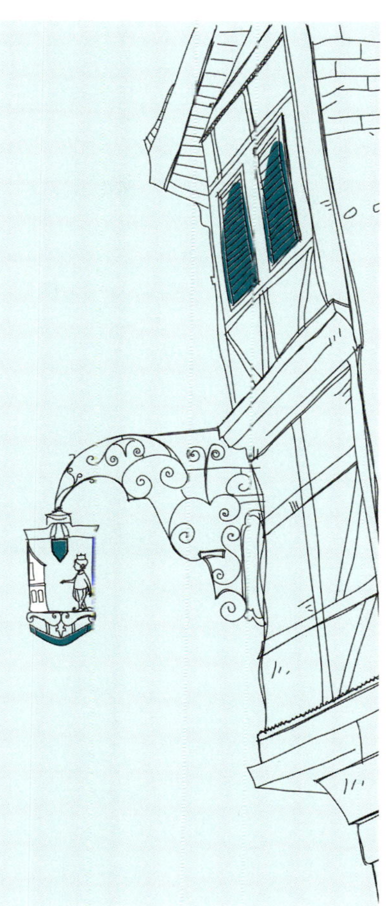

독종 호텔이 살아남는다

그 나라의 국가경쟁력을 평가하기 위해서는 다양한 항목에 관해 평가를 거쳐야만 한다. 거시경제의 안정성, 인프라, 보건, 초등교육, 그리고 혁신 역량, 생산물시장의 경쟁구조, 노동시장의 경직성 등 다양한 항목에 의해 그 나라의 국가경쟁력은 평가된다.

매년 스위스의 국제경영개발대학원에서는 국가의 국가경쟁력을 평가하여 발표한다. 이 국가경쟁력 순위에서 대한민국은 2020년 평가대상 63개국 중 23위를 차지했다. 이는 2019년 28위에서 5단계 상승한 수치이다.

순위	국가	'19순위	변동	순위	국가	'19순위	변동
1	싱가포르	1		14	카타르	10	▼4
2	덴마크	8	▲6	15	룩셈부르크	12	▼3
3	스위스	4	▲1	16	오스트리아	19	▲3
4	네덜란드	6	▲2	17	독일	17	-
5	홍콩	2	▼3	18	호주	18	-
6	스웨덴	9	▲3	19	영국	23	▲4
7	노르웨이	11	▲4	20	중국	14	▼6
8	캐나다	13	▲5	21	아이슬란드	20	▼1
9	아랍에미리트	5	▼4	22	뉴질랜드	21	▼1
10	미국	3	▼7	23	한국	28	▲5
11	대만	16	▲5	24	사우디아라비아	26	▲2
12	아일랜드	7	▼5	25	벨기에	27	▲2
13	핀란드	15	▲2				

자료 : 기획재정부

2020년 국가별 경쟁력 종합순위

이 발표에 의하면, 싱가포르가 1위, 덴마크 2위, 그리고 스위스가 3위, 미국은 10위, 중국은 한국보다 3단계 앞선 20위를 차지했다.

그러나 이러한 국가경쟁력에 있어서 빠질 수 없는 중요한 요소 중 하나는, 바로 그 나라가 가지고 있는 인구 규모이다. 인구는 그 나라의 국가경쟁력과 국력을 판단하는데 있어 필수적인 항목이 된다. 특히 인구구성 중 경제활동에 왕성하게 참여하여 중추적인 역할을 하는 노동력인 생산인구를 얼마나 많이 확보하였는지가 그 나라의 미래를 가늠하는 역할을 한다.

그동안 세계는 이러한 생산인구가 폭발적으로 증가하여 경제의 버팀목 역할을 충실히 이행해 왔다. 그러나 앞으로 다가올 세상의 국민은 점점 나이가 들어 노령화되고, 생산을 담당할 인구는 줄어드는 절대적인 인구감소 현상이 벌어져 지금껏 경험하지 못했던 세상을 맞이할 것이며, 이러한 인구감소와 생산인구의 변화 추이는 그 나라의 국가경쟁력까지도 좌우하게 될 것이다.

인구의 규모와 생산을 담당하는 생산인구의 감소는 개인의 삶은 물론 국가의 삶도 더욱 빠르게 바꾸어 놓을 것이다. 이는 미국과 같은 선진국이나 아프리카의 작은 국가에 이르기까지 공통적으로 겪어야 할 문제들이다.

필자의 두 번째 책인 『호텔리어가 알려주는 호텔이야기』에서 이미 다루었던 인구감소와 제4차 산업혁명에 의한 무인화, 자동화의 이야기처럼 그 나라의 인구감소 현상은 앞으로 세계경제의 가장 큰 고민거리이자 풀어야 할 중요한 과제가 될 것이다. 따라서 각 국가는 줄어만 가는 인구감소에 대해 심각한 우려와 함께 인구감소를 막기 위해 다양한 노력을 기울여야 한다.

최근 미국의 워싱턴대학교의 연구에 의하면, 2100년이 되면 세계인구는 급격한 감소현상을 보이며 인국절벽의 시대를 맞을 것이라고 발표했다.

2020년 10월 현재 세계인구수는 78억 1천 500만 명이다. 그러나 이 연구에 의하면, 앞으로 80년 뒤인 2100년에는 출생하는 인구보다 죽는 인구가 많아져 세계 인구는 점차 감소하게 된다. 각 국가별로 시기의 차이는 발생하겠지만, 특히 생산을 담당하는 생산연령 인구의 감소는 각 국가의 경기를 급격히 추락시킬 수 있다는 불안한 우려를 자아내고 있다. 이는 앞으로 다가올 먼 미래를 직접 겪어보지 않더라고 우리 주위에는 이러한 인구감소 현상으로 인해 국가적 문제가 현실화되고 있는 국가들을 쉽게 찾아볼 수 있다.

우리의 가장 가까운 이웃국가인 일본은 이러한 현상이 이미 나타나고 있다. 일본은 세계에서 가장 빠른 인구절벽에 처한 나라이다. 전후세대에 태어난 인구를 통해 가장 빠른 경제성장을 이루었으나, 더 이상 출생률이 늘지 않아 지금은 태어나는 인구보다 오히려 죽어가는 인구가 많아지는 인구 역전현상까지 보이고 있는 국가이다. 이는 생산인력인 젊은 한 사람이 부양해야만 하는 부양인구가 오히려 많아져 국가경제에도 악영향을 끼치는 것이다.

그러나 이러한 인구절벽 문제는 다른 경제문제와는 달리, 즉시 처방을 할 수 있거나 명확히 해결책을 제시할 수가 없다는 데에 더욱 큰 문제점이 있다. 인구절벽 문제를 해결하기 위해서는 인구를 출생할 수 있는 제도적인 뒷받침과 함께 태어난 아이가 성인이 될 때까지 경제적인 도움을 받을 수 있게 국가적·사회적 지원이 있어야만 해결할 수가 있다.

현재 일본이 겪고 있는 이러한 인구절벽 문제는 비단 일본이란 국가에 국한된 문제가 아니다. 산업화가 일본보다 몇 십 년 늦었지만, 최근 세계에서 눈부신 경제성장을 이룬 중국의 경우도 마찬가지이다. 이웃나라인 중국도 1970년대부터 실시한 인구 감소정책으로 인해 인구가 점점 감소하는 현상을 보이고 있다.

2021년도 기준으로 13억의 인구를 가진 세계에서 가장 많은 인구를 보유한 국가인 중국도 1970년대부터 실시해 온 산아제한 정책으로 인해 점차 인구가 감소하고 있으며, 특히 생산인구는 절대적으로 부족한 상황이다.

한국도 중국이나 일본 못지않게 인구가 빨리 늙어가는 나라 중 하나이다. 출산율 저하로 인해 인구감소가 지속된다면 불과 몇 년 뒤에는 일본보다 더욱 심각한 인구절벽시대를 맞을 수도 있다. 더욱이 한국의 산업구조는 다른 나라에 비해 인력을 통해 자국 내에서 생산한 물건을 해외로 수출하는 비중이 월등히 높아, 인구감소가 장기간에 걸쳐 지속된다면 결국에는 노동력 감소로 이어져 국가경제 자체가 유지될 수 없는 상황에 놓일 수도 있다는 점을 잊어서는 안 된다.

따라서 본 장에서는 산업 전반에 영향을 미칠 수 있는 인구절벽 현상과 관련된 다양한 이야기를 다루고자 한다. 모든 국가, 모든 산업에 예외 없이 찾아올 인구절벽 현상은 특히 절대적인 인력을 통한 서비스가 이루어지고 있는 호텔업계도 철저히 준비하여 사전에 대응해야만 한다.

한국의 인구절벽 현상은 이미 시작되었다

한국은 언제쯤 인구절벽 현상이 일어날 것인가? 대부분의 사람들은 신문지상을 통해 인구절벽에 관한 기사를 보고 피부에 와 닿지 않는 비현실적인 이야기로 치부하고 마치 먼 남의 나라 이야기로만 생각하지만, 이제 한국도 인구절벽에 관해서 안심할 수 없는 나라가 되었다. 통계청 자료에 의하면, 2030년이 되면 한국은 출생인구와 사망인구의 역전현상이 나타날 것으로 보고 있다. 통계청의 발표자료를

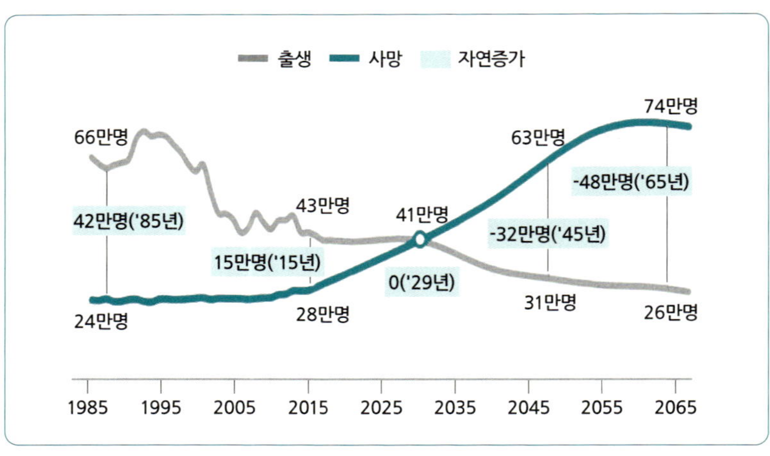

자료 : 통계청

출생, 사망, 자연증가표

보더라도 2030년 전·후를 기준으로 출생과 사망이 교차되고 있다. 우리나라는 현재 출생과 사망률을 비교해 보면, 앞으로 9년 뒤인 2030년 전·후를 기점으로 인구가 줄 수 있다. 이러한 인구절벽과 생산인국의 감소는 지역경제, 국가경제에 악영향을 미치기 때문에 인구가 상대적으로 적은 대한민국의 경우에는 다른 문제해결에 앞서 인구절벽 문제를 가장 우선적으로 해결할 시급한 문제로 대두되었다.

대한민국의 총 인구수는 2021년 현재 51,821,669명이다. 그러나 이러한 인구는 2031년 5,296만 명을 정점으로 감소하기 시작하여, 2065년 4,302만 명(1990년 수준)에 이를 전망이다.

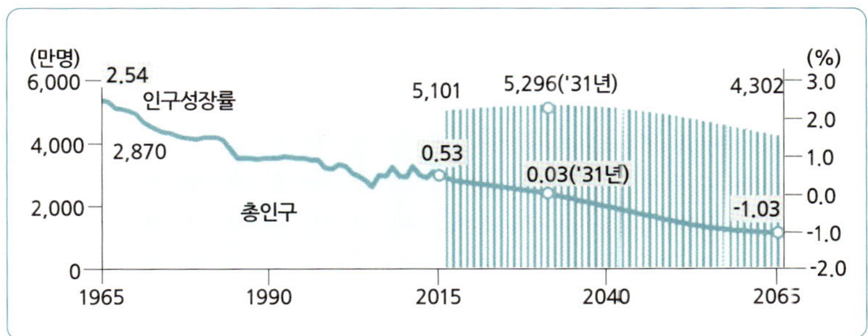

자료 : 통계청

총인구 및 인구성장률

위의 자료를 보면, 우리나라 인구는 매년 지속적으로 증가하다가, 9년 뒤인 2030년을 정점으로 인구가 점차 감소추세로 전환될 것으로 보인다. 그러나 인구증가가 인구감소를 따라가지 못하고 줄어들어 30

년부터는 점차 인구가 감소하는 인구절벽 현상이 나타날 것으로 보인다. 이러한 인구감소의 현상은 국방, 교육, 경제 등 산업 각 분야에 영향을 미치게 된다. 이러한 인력의 감소로 인한 인구절벽 현상은 이제 일본이나 유럽의 선진국에 국한된 문제가 아니라, 당장 우리의 현실적인 문제가 되었으며 인적자원을 가장 많이 필요로 하는 산업 전반에 심각한 문제를 안겨줄 수 있다.

특히 일찍부터 기계화가 진행된 1차, 2차 산업현장의 경우는 지금도 사람의 인력을 기계로 빠르게 대체하여 인구절벽 현상을 대비하고 있지만, 타 산업에 비해 절대적인 인력을 필요로 하는 서비스 산업은 더딘 자동화와 무인화로 인해 한동안은 인력수급 및 운영에 어려움을 겪을 수밖에 없다. 더욱이 타 산업에 비해 비선호 업종으로 구분된 호텔산업은 근무 환경과 직원들의 급여 조건에 있어서 타 산업과 경쟁하질 못해 심각한 구인난에 시달릴 수밖에 없다. 타 산업처럼 전체 현장을 자동화, 무인화 할 수는 없더라도 호텔에서 사람의 손이 덜 가는 업무에 대해서는 지금부터라도 점진적인 자동화와 함께 인력의 교육을 통한 차별화된 호텔을 준비해야 한다.

이제 인구절벽 현상은 우리의 호텔산업에서 있어서는 결코 소홀히 생각해서는 안 될 문제가 되었다.

늘어나는 인간수명

세계 인구는 전체적으로 감소 현상을 보이고 있는 반면, 의학의 발달로 인해 개인이 살아야 할 수명은 점차 늘어나고 있다. 그러나 수명이 연장되었음에도 불구하고 죽음을 극복하지 못하여, 아직도 죽음은 인간이라면 누구도 거부할 수 없는 자연현상이며 순응해야만 할 진리라고 생각해 왔다. 그러나 인류는 이러한 자연현상을 거부하며 죽음을 정복하기 위해 지금도 꾸준히 노력하고 있다. 이는 단순히 인간을 괴롭히고 있는 바이러스를 치료하거나, 지역적으로 발생하는 병을 치료하는 차원이 아닌 인간 존재 자체를 지속가능한 존재로 변화시키려는 노력이다.

고대 중국을 통일했던 진시황제도 그가 가진 현세의 권력을 영원히 누리고 싶어 했기에, 전국에 이를 알려 명의와 영생에 도움이 된다는 약초를 구해오게 했으며 영생을 할 수 있는 불로초를 찾는 일에 그의 노후를 보내고, 그것도 모자라 서복을 비롯한 수천 명의 남녀로 꾸린 대규모 선단을 출항시켜 불로초를 찾기도 했다. 또한 사후에도 그의 권력을 지속하려 40년간 묘를 만들고, 더불어 그를 지키는 병마용을 만들어 묘에 함께 매장하도록 명했다. 이렇듯 인간은 그 권력과 부를 현세는 물론 내세에까지 이으려는 무수한 노력을 진행해왔다.

그러나 지금은 진시황제가 찾던 불로초와 같은 약초를 사용하지 않더라도 그들이 살던 시대보다 수십 년이나 더 긴 삶을 살게 되었으며, 이는 이제까지 인류가 접해보지 못한 생명의 연장, 추가적인 인생을 살 수 있는 기회를 가져다주었다. 그러나 이러한 생명 연장은 인류에 새로운 고민거리를 안겨주고 있다.

통계청에서는 5년마다 한 번씩 인구를 조사한다. 2016년도 통계청 자료에 의하면, 우리나라 인구의 평균수명은 82.4세로 나타났다. 그러나 점차 의학기술의 발달로 인해 사람들의 수명은 더 연장되는 반면, 미래의 중심이 될 출생률은 줄어들고 있다. 이는 1,2차 베이비부머 세대가 사망하는 시점까지 지속되어 오히려 경제를 지탱할 젊은 인구는 줄어들고, 노년을 더 길게 지내야 하는 고령층이 증가하여 사회적으로도 문제시되고 있는 현상이다. 1950년의 세계 인구는 25억에서, 1백년이 지난 2050년에는 95억이 된다는 발표가 있다. 단순히 인구의 증가는 노동인구의 증가만을 뜻하지는 않는다. 의학기술의 발전으로 인해 지금 태어나는 세대는 기존의 세대보다도 수명이 길어져 이미 100세에 가까운 삶을 살 수 있게 된 것이다.

그렇다면 인구감소와 더불어 100세 수명시대를 맞는 호텔산업은 과연 위기를 맞을 것인가, 아니면 이러한 변화가 긍정적인 기회가 될 것인가? 앞으로 2030년에 세계 65세 이상 인구는 10억 명 시대를 진입한다. 2020년에도 세계인구 78억 명을 기준으로 한다면 전체 인구의 12.8%가 65세 이상의 고령인구가 된다는 의미이다. 이처럼 인구가 점점 감소되고 개인은 고령화되며 100세까지 살아가는 시대에, 과연 호텔산업은 지금과 같은 형태를 유지하며 지속될 수 있을까?

호텔산업은 업무 특성상 호텔리어라는 인적자원을 통해 서비스를 제공하는 산업이다. 물론 초기의 일부 고객들은 가격적으로 저렴한 무인호텔이나 무인서비스를 선호하겠지만, 대부분의 사람들은 조금 더 비용을 지불하더라도 사람을 직접 접할 수 있는 인적서비스를 제공받고 싶어 한다. 이러한 산업 특성상 인간의 수명연장은 호텔 차원에서는 다양한 연령대의 고객을 꾸준히 확보할 수 있으며, 감소하는 인구로 인해 줄어드는 호텔 인력을 고령층에게까지 확대하여 인력을 활용할 수 있다는 장점도 제공할 것이다. 고객 차원에서는 타 산업에서는 제공받을 수 없었던 인적서비스를 호텔에서 받을 수 있다는 긍정적인 측면도 주어진다.

폴어빙은 그의 저서에서 2030년에는 현재의 인구 구조가 노령 위주로 바뀐다고 예측했다. 생산을 담당하는 젊은 세대보다 50세 이상의 은퇴 세대가 더욱 늘어나 모든 산업의 트렌드가 변할 것이라는 것이다. 그 시대에는 정년 이후 새로운 인생 2막을 열고 살아가는 사람들이 늘어날 것이다. 이처럼 폴어빙이 말한 대로 2030년도 이후에 노령화 시대가 찾아온다면, 현재의 호텔 근무 인력도 연령대별 재배치가 필요하게 된다. 지금처럼 20, 30대의 젊은 층의 인력이 배치되기보다는 중년과 노년의 인력이 배치될 것이다. 그리고 이들이 할 수 없는 노동력이 요구하는 일들은 기계가 대체해 줄 것이다. 이때 호텔은 장기적인 측면에서 고객들이 인적서비스를 원하는 한 지속적으로 일자리를 창출해 줄 수 있으며 이들은 고객들에게 질적인 인적서비스를 제공해 줄 수 있다.

우리는 이제 곧 현실로 다가올 인간수명 연장의 시대를 대비하여 이제라도 호텔의 인력운용과 경쟁력 있는 상품에 대해 다시 한 번 점검해 봐야 한다. 지금처럼 아무런 대책 없이 수명연장의 시대를 맞는다면, 우리에게 주어진 긴 시간은 행복이 아닌 고통을 인내해야만 하는 시간으로 남게 될 것이다.

인구감소로 인한 여성의 사회진출 증가

『지구평화를 위한 탐구』의 저자인 일본의 이케다 다이사쿠는 "시대는 여성이 지닌 유연한 상상력, 상냥함, 따스함, 인간미 등이 사회에 반영되기를 요구하고 있다. 물질적이나 효율만을 좇는 사회에서, 마음이 통하는 인간다운 사회로 돌아가려면 여성의 힘이 절대적으로 필요하다."고 말했다.

이 말은 단지 여성의 장점만을 표현하거나 열거하려고 한 것이 아니라, 바로 우리사회에서 여성의 힘이 절실히 요구되고 있다는 것을 의미한다. 그런 의미에서 본다면 호텔산업이야말로 다이사쿠가 말한 이러한 여성의 장점이 더없이 잘 맞는 직업이다. 기존의 호텔들이 육체적인 힘을 요구하는 업무를 진행해 왔다면, 최근의 호텔은 이러한 힘을 쓰는 일은 간단한 기계를 통해 처리하고, 실질적인 고객에 대한 서비스 업무는 여성이 가지고 있는 상상력, 상냥함, 따스함, 인간미 등과 같은 힘을 통해 진행하려는 욕구가 강화될 것이다.

필자가 첫 책을 출간 준비할 당시 중학생과 고등학생이었던 두 딸이 벌써 어엿한 대학생과 직장인으로 성장했다. 얼마 뒤면 두 자녀 모두 학업을 마치고 사회로 첫발을 내딛게 된다. 그들은 자신이 원하는 직장을 찾고 평생 동안 노력하며 삶을 살 것이다. 직장은 그들에게 수입을 가져다주는 곳, 인생의 활력과 즐거움을 안겨다주는 삶의 일부가 되기도 할 것이다.

그러나 여성의 사회 참여가 증가하고 있음에도 아직까지 필자의 두 자녀와 같은 한국사회의 여성들이 직장생활을 하는 데에는 여러 가지 제약들이 따른다. 이러한 제약들은 그들로 하여금 직장에서의 지속적인 자기성장을 할 수 없게 만든다. 그러나 지난 10여 년간 여성의 사회진출은 기존과는 다른 긍정의 방향으로 변화하고 있다. 이는 여성의 교육수준이 남성의 교육수준과 동일해진 이유도 있지만, 또 다른 이유는 졸업 후 가정에만 있던 여성들이 이제는 자기발전을 위해 집밖으로 나오려는 강한 요구에 기인한 것이다.

서구화된 국가일수록 여성들의 사회진출이 더욱 두드러진다. 기존의 1차 산업에서 3차 산업으로 구조가 바뀔수록 여성들이 그동안 안주하던 집에서 나와 사회로 진출하고 있다. 더욱이 양성평등 속에 성장한 현대의 여성인력들은 점차 디지털화되는 사회에서 그 능력을 발휘하고 있다. 서구의 선진국들은 아시아의 개발도상국이나 저개발국에 비해 여성의 사회참여 비율이 월등히 높은 수치를 보이고 있지만, 아직까지 중국과 인도를 비롯한 아시아와 아프리카 여성들에게는 사회참여의 기회조차 주어지지 않고 있어 여성들의 사회참여 증가에 따라 앞으로의 시장은 지금까지 경험하지 못했던 또 다른 큰 변화를 가져올 것이다.

현재 여성인력들은 타고난 섬세함으로 남성의 전유물로 여겨졌던 전통적인 군대에까지도 확대되고 있다. 얼마 전 단행된 군, 경 인사에서도 한국 최초의 여성장군이 배출되고, 경찰로써 최고의 위치인 청장에 등극할 정도로 급격히 여성의 사회진출이 부각되고 있다. 그만큼 여성의 사회진출이 보편화되고 있으며, 이는 미래에 여성인력의 활약이 더욱 활발해질 것을 반증하고 있다. 향후 기업의 성장 여부는 여성인력을 얼마나 잘 성장시키느냐에 따라 그 기업의 성장을 판가름할 수가 있다. 이러한 문제를 근본적으로 해결해 준다면 감수성과 디테일에 강한 능력 있는 전문 여성인력들이 더욱 많은 활동을 통해 사회에 기여할 수 있을 것이다.

여성들이 사회에 적응하고 자신의 능력을 발휘하기 위해서는 몇 가지 사회적인 인식과 제도가 뒷받침되어야 한다. 이 여성의 사회진출은 인구 고령화와 인구 감소에 따른 필연적으로 우리가 받아들여야 할 사항이다. 부족한 인력을 확보하기 위해 해외의 다양한 스펙을 가진 인력을 유치하고 있는 기업으로서는 자국의 능력 있는 여성인력을 충분히 채용하고 활용할 수 있는 분위기가 조성되어야 한다. 이처럼 여성의 사회적 지위는 향상되어야 하지만, 그만큼 여성들의 사회진출을 저해하고 있는 유리천장의 벽도 두꺼울 수밖에 없다.

앞으로 기대수명의 증가와 여성인구의 사회활동 참여는 사회 전반에 수많은 변화를 가져올 것이다. 특히 여성의 장점과도 잘 맞는 호텔로의 여성취업 증가 현상은 호텔산업뿐만이 아닌 사회적으로 문제시되고 있는 기대수명의 증가로 인한 인구 고령화 문제와 여성의 노동력 활용이라는 두 가지 문제점을 동시에 해결해 줄 수 있는 대안이 될 것이다. 이러한 맥락에서 인구감소와 고령화에 의해 인력난을 겪고 있는 호텔산업에 있어서도 여성인력은 새로운 대안이 될 수 있다.

호텔산업이야말로 남녀의 차별도 없으며 능력 있는 여성이라면, 그 어떤 것에도 차별받지 않고 개인의 능력을 마음껏 펼칠 수 있는 곳이다. 지금 호텔산업에서는 여성의 힘이 절실히 요구되고 있다.

가구수의 변화

보건복지부의 자료에 의하면, 2019년도 기준 우리나라의 1인 가구수의 비율은 전체 가구수의 30%에 이른다고 한다. 이제는 혼자서 사는 삶이 일상적이고 보편적으로 되고 있다. 이러한 가구수의 변화는 자녀의 감소현상, 고령화, 인구감소와 더불어 산업 전반에 새로운 트렌드를 이끌고 있다. 기존의 자녀 위주의 패키지상품과 2인과 4인 가족 위주의 상품은 소규모 구성원의 리드에 맞게 변화한다. 이는 건설업에도 영향을 미치고, 또한 교통편과 외식문화는 물론 호텔산업에도 영향을 미친다.

우리나라뿐만 아니라 외국의 경우도 급격한 가구수의 변화를 가져오고 있다. 인도의 경우 2012년 4.73명에서 2032년에는 4.67명으로 가구당 평균 인원이 감소세를 보일 것으로 전망하고 있으며, 서유럽도 2.4명에서 2.37명 아시아부국의 경우도 2.7명에서 2.45명으로 감소할 것으로 예상하고 있다. 한국의 가구수도 2000년 3.7명에서 2019년 2.4명으로 줄어들었다. 이러한 자녀 없는 가구수가 증가하면서 기존의 가족 구성원이 감소하고 있는 현상은 사회 전반에 영향을 주고 있다. 국가의 전체적인 인구감소와 자녀의 감소, 가구수의 감소 현상으로 인해 미래의 소비동향도 많은 변화를 가져오고 있다.

호텔에서는 투숙객을 위해 제공되던 기존의 객실 크기와 객실 타입을 변화시키고 레스토랑의 규모도 변화시키고 있다. 뿐만 아니라 우리에게 일상화가 되어버린 혼밥, 혼술의 문화도 가구수의 감소로 인해 이제는 여행산업, 호텔산업에까지 영향을 미치고 있다. 기존 가구수에 맞춰 세팅되었던 2인, 4인용 테이블이 점차 자취를 감추고 1인과 2인용 테이블로 교체되고 있다. 제공되는 메뉴도 가족이 즐기는 메뉴에서 1인도 간단히 즐길 수 있는 메뉴로 변화하고 있다.

이제는 호텔 직원들의 눈치를 보며 구석에서 혼자 식사하는 것이 부담스러워 외부의 레스토랑을 찾아갈 필요도 없다. 점차 호텔에서 제공되는 혼밥, 혼술 메뉴를 이용하는 고객이 늘면서 호텔에서도 이들에 맞는 다양한 프로모션 메뉴를 선보이고 있다. 2인과 4인을 기준으로 구성되던 호텔의 모든 상품이 점차 1인과 2인을 대상으로 한 상품으로 변화하고 있는 것이다. 이는 호텔의 패키지상품의 변화뿐만 아니라 마케팅에도 변화를 가져온다. 어린이를 동반한 가족을 타깃으로 구성하던 객실상품과 청년층을 타깃고객으로 하던 기존의 패키지상품보다는, 자녀를 독립시키고 둘만의 시간을 가지는 노년의 고객을 대상으로 한 상품과 1인을 타깃으로 한 상품도 구성하여 공략해야 한다. 이처럼 호텔도 소규모화 된 가구수에 맞춘 상품과 시설을 보강해야 한다.

가족구성원이 적어지고 나이가 든 연령층이 많아질수록 오랜 시간 체류하거나 먼 거리를 이동하는데 부담을 느끼게 되어 장거리이동에 제한을 둔다. 따라서 장거리가 아닌 단거리, 관광 위주가 아닌 체류형, 장박성 여행이 아닌, 단박성 여행 패턴이 가능한 국내여행이 활성화되고 그에 따른 호텔이 필요하게 되었다. 호텔은 이러한 가구수의 변화를 읽고 꾸준히 이에 적합한 상품을 준비해야 한다.

이밖에도 가구수의 감소에 따라 기존의 사람만을 대상으로 구성했던 상품을, 동물과 함께 투숙할 수 있게 준비해야 한다. 이제는 가족을 구성하는 구성원이 반드시 사람이라는 인식이 변화하여, 사람이 아닌 인생의 반려동물이 가족구성원으로 자리매김함에 따라 그에 맞는 차별화된 상품도 구성해야 한다.

에-필-로-그

농부는 튼실한 과일을 거두기 위해 오랜 시간을 기다린다. 성장하는 과정과 꽃이 피는 과정, 그리고 열매를 맺는 일련의 과정을 거친 뒤에야만 원하는 과실을 얻는다. 그러나 꽃이 핀다고 모두가 열매가 맺는 것은 아니다. 꽃이 핀 후 벌과 나비가 찾아와 꽃가루받이(수분)가 제대로 이루어져야만 열매를 맺는다.

이러한 과정이 이루어지기 위해서 나무는 모든 힘을 다해 꽃과 열매를 맺기 위한 진통을 앓는다. 그러나 아무리 노력했다고 해서 나무가 매년 좋은 결실을 맺을 수 있는 것은 아니다. 어느 해에는 좋은 결실을, 어느 해에는 꽃조차 피지 않아 농사를 실패하기도 한다. 이를 '해거리'과정이라고 부른다.

'해거리'는 여러 가지 원인이 있다. 햇빛이나 수분이 부족하거나, 이상기온으로 인한 온도변화에 의해 나타나기도 한다. 혹은 각종 병충해로 인해 발생하기도 한다. 이러한 여러 원인들이 작용하여 과수의 성장에 부정적인 영향을 미쳐 열매가 적게 열리기도 한다. 농부의 입장에서는 이러한 '해거리'가 수입과 직결되어 어려움을 겪지만, 나무는 '해거리'를 통해 오랫동안 튼튼한 나무로 성장할 수가 있다. 이러한 '해거리'가 끝난 다음 해에는 보다 튼실한 열매를 맺는다.

사람도 긴 삶을 살아가면서 과수열매가 성장하며 '해거리' 과정을 겪듯 인생에서 어려운 시기를 맞는다. 어떤 사람은 사랑하는 애인이나 가족과의 이별로 슬프고, 어떤 사람들은 평생 몸담았던 직장을 잃고 상심하며 괴로워한다. 일부의 사람들은 준비되지 않은 상태에서 갑자기 찾아온 경제적 · 건강상 어려움을 겪으면서 인생의 깊은 슬럼프에서 헤어나지 못한다.

대부분의 사람들은 인생을 백미터 단거리 경기인 줄만 알고 전력 질주를 하다가, 초반에 힘을 다 써버리고 긴 여정을 완주할 힘이 없어 중간에 좌절을 한다. 인생에서 금방 성공할 것같은 기분으로 인해 자신이 가진 모든 힘을 다해 질주하다가 지쳐 중도에 포기하고 만다. 우리는 인생이란 긴 경기를 하기 위해 오르막길에서는 자신의 힘을 비축한 뒤에 오르기도 하고, 내리막길에서는 적은 힘으로 속도를 유지하며 자신의 페이스를 조절해야 한다. 그래야만 인생의 긴 여정을 행복하게 완주할 수가 있다. 우리는 결승이라는 시한부 선고를 받은 것이 아니라, 결승점을 모르는 긴 여행을 하고 있는 것이다.

인생에서 육상경기를 하듯 누가 먼저 목적지에 도달하는가는 중요치 않다. 인생은 '분 / 초'를 다투는 게임이 아니라, 높고 긴 산 정상을 오르며 누가 주위의 아름다운 풍경과 자연을 즐기며 오르느냐의 게임이다. 지금이 인생의 슬럼프 시기라면, 현재의 위치에서 주위를 살펴보고 자연을 즐기며 산에 핀 꽃과 풀들의 향기를 즐겨야 한다. 이러한 시기를 우리는 개개인마다의 '해거리' 과정이라고 생각하며 더욱 성장을 위해 노력해야 한다. 미래의 풍성한 수확을 얻기 위해 '해거리'의 과정을 극복할 수 있도록 노력해야 한다.

필자 또한 이 책을 쓰는 동안 '해거리'의 과정을 겪으며 힘든 시간을 보내야 했다. 그러나 그 과정을 극복할 수 있게 필자에게 응원을 아끼지 않았던 많은 분들이 있어 다시금 성장을 도모할 수 있게 되었다. 이 책을 마무리할 수 있게 도와주신 많은 분들께 감사의 마음을 전한다. 특히 집필 활동을 할 수 있도록 아낌없는 응원과 격려의 말씀을 해 주신 셋째, 넷째 고모와 고모부께 감사의 말씀을 전하며(박재윤, 신광국, 박미나, 이동환), 업계 선배님이신 강영철 전무님, 장덕상 대표님, 이인배 대표님과 부족한 내용임에도 불구하고 어려운 상황에서도 지속적으로 책을 출간해 주신 지식인 사장님께 감사의 마음을 전한다.

그리고 부족한 강의를 수강해 준 연성대학교 관광영어과 2019, 2020학번 학생들에게 감사의 인사를 전한다. 마지막으로 이 책을 끝까지 읽어준 독자 분들과 나의 사랑하는 아내와 건강하게 잘 성장해 준 두 딸 경아와 도희에게도 감사의 마음을 전한다.

참-고-문-헌

KBS〈명견만리〉제작팀(2017). 명견만리 - 정치 · 생애 · 직업 · 탐구편 -, 인플루엔셜
공병호(2003). 1인기업가로 홀로서기, 경인북스
김난도(2010). 아프니까 청춘이다, 샘앤파커스
김영한(2003). 스타벅스 감성마케팅, 넥서스BOOKS
김주환(2011). 회복탄력성, 위즈덤하우스
김형태(2016). 예술과 경제를 움직이는 다섯 가지의 힘, 문학동네
니콜라스 카(2011). 생각하지 않는 사람들, 청림출판
댄 애리얼리(2008). 상식 밖의 경제학, 청림출판
__________(2011). 경제심리학, 청림출판
__________(2018). 부의감각, 청림출판
말콤그래드웰(2014). 다윗과 골리앗, 21세기북스
박종모(2017). 호텔사용설명서, 이비락
스티븐 래빗, 스티븐 더브러(2015). 괴짜처럼 생각하라, 웅진 지식하우스
안젤라 더크워스(2016). 그릿, 비즈니스북스
에모토 마사루(2003). 물은 답을 알고 있다2, 나무심는사람
월터 아이작슨(2011). 스티브잡스, 민음사
이나모리 카즈오(2011). 좌절하지 않는 한 꿈은 이루어진다, 더난출판
이지훈(2010). 혼 · 창 · 통, 샘앤파커스
조나 레러(2009). 탁월한 결정의 비밀, 위즈덤하우스
존 맥스웰(2007). 존 맥스웰의태도, 국일미디어
________(2012). 사람은 무엇으로 성장하는가, 비즈니스북스
죠수아 포어(2016). 1년만에 기억력 천재가 된 남자, 갤리온

차두원(2016). 잡킬러, 한스미디어
최상태(2013). 최고가 되려면 최고를 만나라, 샘앤파커스
클린트 로렌(2016). 인구를 알면 경제가 보인다, 원앤원북스
팀 하포트(2008). 경제학콘서트, 웅진 지식하우스
폴어빙(2016). 글로벌 고령화 위기인가, 기회인가, 아날로그
피터 브레그먼(2011). 인생을 바꾸는 시간 18분, 샘앤파커스
해리덴트(2015). 2018년 인구절벽이 온다, 청림출판

독종호텔이 살아남는다

정글에서 호텔이 살아남는 법